Helga Voit/Anton Hinkofer

Selbst
Pergolen, Zäune und
Terrassen bauen

Compact Verlag

© 2002 Compact Verlag München
Nachdruck, auch auszugsweise,
nur mit ausdrücklicher Genehmigung
des Verlags gestattet.
Alle Anleitungen wurden sorgfältig
erprobt – eine Haftung kann
dennoch nicht übernommen werden.
Redaktion: Anne Kaspar
Fotos: Helga Voit; Abbildung auf Seite 23 von
CMA, Bonn
Umschlaggestaltung: Ingeborg Cisse
Umschlagfotos: OSMO, Münster
Produktion: Henning Liebke
Druck: Color-Offset GmbH, München
ISBN 3-8174-2239-3
2222393

Besuchen Sie uns im Internet:
www.compactverlag.de

Ein Wort zuvor

Selbermachen – ein Hobby, das heute für Millionen zur sinnvollen Freizeitbeschäftigung geworden ist. Ob es sich nun um die gemietete Altbauwohnung oder um die eigenen vier Wände handelt, mit etwas Geschick und einer fachmännischen Anleitung lassen sich oft verblüffende und ansprechende Ergebnisse erzielen: bei kleineren Reparaturen, beim Renovieren und Verschönern und beim Um- und Ausbauen. Und Selbermachen bringt Spaß. Freude an der eigenen Arbeit, deren Ergebnis man Tag für Tag sehen und »bewundern« kann; es spart Geld, mit dem sich langgehegte Wünsche erfüllen lassen, und es macht unabhängig von Handwerkern, auf die man wochenlang und schließlich vergeblich gewartet hat. Fachgeschäfte, Heimwerker- und Baumärkte versorgen den Hobby-Handwerker mit allen Werkzeugen und Materialien, die er braucht. Doch richtiges Werkzeug und Begeisterung allein reichen nicht aus. Unerläßlich sind eine gründliche Vorbereitung und Fachkenntnisse, wie eine

Arbeit durchzuführen und was dabei zu beachten ist.
COMPACT PRAXIS **Selbst Pergolen, Zäune und Terrassen bauen** zeigt, wie man's macht. Mit wertvollen Tips und Tricks, die sich in der Praxis tausendfach bewährt haben. Jeder Arbeitsgang wird ausführlich Schritt für Schritt gezeigt und in Bild und Text erläutert. Übersichtliche Symbole zeigen auf einen Blick, mit welchem Schwierigkeitsgrad, welchem Kraft- und Zeitaufwand Sie bei jedem Arbeitsgang rechnen müssen, welche Werkzeuge Sie brauchen und wieviel Geld Sie durch Ihre eigene Arbeit einsparen können.

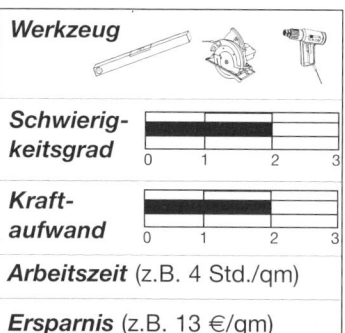

Werkzeug			
Schwierig-keitsgrad	0	1	2	3
Kraft-aufwand	0	1	2	3
Arbeitszeit (z.B. 4 Std./qm)			
Ersparnis (z.B. 13 €/qm)			

Und so stufen Sie sich auch richtig ein:

Schwierigkeitsgrad 1 – Arbeiten, die selbst der Ungeübte ausführen kann. Es ist nur geringes handwerkliches Geschick erforderlich.

Schwierigkeitsgrad 2 – Arbeiten, die einige Übung im Umgang mit Werkzeug und Material erfordern. Es ist handwerklich durchschnittliches Geschick notwendig.

Schwierigkeitsgrad 3 – Arbeiten, die fachmännische Übung erfordern, überdurchschnittliches Geschick ist erforderlich.

Kraftaufwand 1 – leichte, einfache Arbeit, die jeder bequem erledigen kann.

Kraftaufwand 2 – Arbeiten, die eine gewisse körperliche Kraft voraussetzen.

Kraftaufwand 3 – Arbeiten für kräftige Handwerker, die keine »Knochenarbeit« scheuen.

Auf einen Blick

Materialkunde

Werkzeugkunde

Inhaltsverzeichnis

Grundkurse

Arbeitsanleitungen

Holzarten und Holzeinkauf

Sichtschutzelemente

Staketen

Staketen-Profil

Da Sie Holz im Außenbereich verbauen, ist es besonders wichtig, die geeignete Holzsorte zu wählen. Grundsätzlich unterscheidet man zwischen **Hartholz** und **Weichholz**.

Das im Freiverbau widerstandsfähigste einheimische **Hartholz** ist die deutsche **Eiche**. Wegen der extrem langen Wachstumszeit ist das Eichenholz sehr hart, daher langlebig, aber sehr teuer. Dauerhaftes Importhartholz ist **Merbau** oder **Mahagoni**. Bestehen Sie beim Einkauf auf Tropenholz aus Plantagenbau; dieser geht nicht zu Lasten des Regenwaldes.
Weitaus günstiger, beliebter und auch leichter zu verarbeiten ist das **Weichholz**.

Nicht imprägniert ist die **Lärche** am widerstandsfähigsten. Ihr relativ hoher Preis und der markante Farbunterschied von Kern- und Splintholz hält die Nachfrage gering.

Preislich erschwinglich sind die einheimische und die nordische **Kiefer**. Bei entsprechender Imprägnierung überdauert die Kiefer im Freiverbau meist Jahrzehnte.

Mancher Hersteller gibt bis zu 25 Jahre Werksgarantie auf seine Holzprodukte. Nordische Kiefer ist durch den klimabedingten langsameren Wuchs härter.

Weniger empfehlenswert ist **Fichten- oder Tannenholz**, da es u.a. nicht so harzhaltig wie das Kiefernholz ist.

Unabhängig für welches Holz Sie sich entscheiden, achten Sie beim Holzeinkauf unbedingt auf nachfolgende Punkte:
Verwenden Sie bei Schnitthölzern (Latten, Leisten, Bretter, Kanthölzer) ausschließlich kerngetrenntes Holz. Kreuzholz oder kerngetrenntes Holz verdreht sich längst nicht so leicht wie Kernholz und es erleidet dadurch weniger Trockenrisse.
Verlangen Sie Hölzer, deren Imprägnierung gemäß RAL-RG 411 gütegesichert ist.

Grundsätzlich können Sie sowohl abgelagerte als auch frisch imprägnierte Ware verarbeiten. Achten Sie jedoch – besonders bei Holzterrassen – darauf, daß die gewählten Bretter oder Bohlen den gleichen Feuchtigkeitsgehalt aufweisen.

Wenn Sie frisch imprägniertes Holz verbauen, das sich noch nicht geworfen hat, müssen Sie darauf achten, daß die rechte Seite oben zu liegen kommt.

Um die rechte Seite bestimmen zu können, betrachtet man das Holz von der Hirnholzseite her. Das Holz wirft sich nicht mit den Jahresringen, sondern genau entgegengesetzt. Die später gewölbte Seite ist die rechte Seite. Wenn Sie das Holz mit der rechten Seite nach oben verarbeiten, entstehen z.B. bei Holzterrassen keine Stolperkanten, und selbstgefertigte dichte Trennwände machen die Hölzer »nicht auf«.

Ökotip
Verzichten Sie der Umwelt zuliebe auf Imprägniermittel. Holzterrassen aus unimprägniertem Holz sind sehr haltbar, wenn Sie das Material stärker wählen (5 cm). Sitzabdeckungen für Mauern erhalten Unterhölzer aus Eichenholz. Der Sitzrost ist dadurch gegen Feuchtigkeit von unten geschützt.

Kerngetrenntes Holz

Kernholz

Rechte Seite oben

Wichtige Holzarten und ihre Eigenschaften			
Holzart	**Dauerhaftigkeit bei wechselnder Feuchtigkeit**	**Härte**	**Holzfarbe**
Nadelhölzer			
Fichte	gering	sehr weich	weiß-rot
Kiefer	hoch	weich	rot-gelb
Lärche	sehr hoch	weich	rötlich
Tanne	gering	sehr weich	weiß-gelb
Laubhölzer			
Eiche	sehr hoch	sehr hart	gelb-braun
Erle	gering	mittel	rötlich
Pappel	gering	gering	weiß-gelb
Robinie	hoch	hart	grünlich-oliv
Rotbuche	gering	hart	rötlich-braun
Ulme	hoch	mittel	braun
Weide	gering	weich	weiß-gelb

Betonplatten

Kleinpflasterplatte

Waschbetonplatte

Natur- und Betonstein

Garten- oder Terrassenplatten aus Beton gibt es in unterschiedlichen Formaten: die Formate 20 x 40 cm, 40 x 40 cm und 60 x 40 cm sind am gebräuchlichsten.

Die Größen 40 x 20 cm und 40 x 30 cm gibt es häufig nur gegen Aufpreis. Nicht umsonst ist auch das Zuschneiden auf ein gesondertes Plattenmaß. Betongartenplatten gibt es 5, 6, 7 bzw. 8 cm stark.

Die schlichte, graue Standardbetonplatte hat vielerlei Behandlung erfahren, um Naturstein im Aussehen nahe zu kommen. So gibt es Betonplatten, die wie ein Stück Natursteinpflasterfläche aussehen (Kleinpflaster- und Riemchenpflasterplatten). An ihnen wird ganz besonders deutlich, wie wenig sich der natürliche und schöne Stein imitieren läßt. Bleiben Sie daher bei der einfachen Betonplatte, das gilt vor allem dann, wenn Sie Naturstein mit Betonstein kombinieren wollen.

Die klassische Betongartenplatte erhält häufig eine etwa 2 cm starke Auflage, den sogenannten Vorsatzbeton. Die weitverbreitete Waschbetonplatte ist ein typisches Beispiel:

Durch Einstreuung von Rundkorn verschiedenster Körnung und Farbe soll die lebhafte Struktur und das Farbspiel von Naturstein nachempfunden werden.

Der Baustoffhandel hält die verschiedensten quadratischen und rechtwinkligen Formate bereit, so daß sich unzählige Muster und reizvolle Plattenverbände herstellen lassen.

Betonplatten sind erheblich billiger als Natursteinplatten. Der reine Materialpreis liegt für Natursteinplatten um das Doppelte bis Vielfache höher. Die Kosten für den Unterbau und die Verlegung sind jedoch praktisch identisch.

Ein gestalterisch guter und kostengünstiger Mittelweg ist die Kombination von Betonstein mit Naturstein.

Materialmix

Blaue Quarzbetonplatte

Waschbetonplatte

Travertin

Roter Wesersandstein

Porphyr, gesandet

Nagelfluh, geschnitten

Naturstein: Charakteristik

Beton- neben Naturstein

Natursteinpflaster

Pflastermaterialien

Naturstein sieht sich einem großen Angebot von Alternativware gegenüber. Das Imitat, das fast echt aussieht, besteht den Vergleich jedoch in vielerlei Hinsicht nicht.

Naturstein ist langlebig und flexibel in der Verlegung. Naturstein bietet eine Fülle von Oberflächenstrukturen, Formen, Farben und Verlegungsarten.

Er kann mehrfach verwendet, also nach Jahrzehnten wieder neu verlegt werden, während Betonstein sich schnell ablebt. Wirtschaftliche Gesichtspunkte spielen hier eine Rolle:

Naturstein behält seinen Wert, Gebrauchtwaren sind sogar sehr gefragt, denn sie sind von besonderem Reiz.

Sie brauchen einen Natursteinbelag nur hin und wieder abzukehren. Verschmutzungen gehen zum Teil in der Patina unter. Dagegen wollen Fliesen oder Betonsteinbeläge stets sauber geputzt sein, um nicht schmuddelig auszusehen.

Naturstein ist zu jeder Zeit griffig. Bedenken Sie bei der Kostenkalkulation jedoch vor allem seinen ästhetischen Wert. Kein Stein gleicht haargenau dem anderen. Beläge aus Naturstein – zumal in

Materialkombinationen – ändern ständig ihr Aussehen, je nach Witterung. Gerade bei schlechtem Wetter sind Naturstein-Beläge am schönsten.

Sie brauchen Naturstein nicht unbedingt massiv einzusetzen, damit er wirkt. Streifen oder Rasterungen, Randausbildungen oder querverlaufende Wasserrinen aus Klein- oder Mosaiksteinpflaster werten jede Betonplattenfläche entscheidend auf.

Fördern Sie die Verbindung von Natur und (Beton-)Architektur und lassen Sie Aussparungen in einer Terrassenfläche frei, in denen Pflanzen wuchern.

Das Angebot an Steinarten ist groß. Beim Natursteinhändler können Sie anhand von Musterverlegungen die richtige Auswahl treffen. Geben Sie regionalen Materialien auf jeden Fall den Vorzug. Gebrauchte Natursteinmaterialien stehen hoch im Kurs.

Fragen Sie Ihren Natursteinhändler danach. Ein abgesackter Terrassenbelag aus grauen Betonplatten läßt sich leicht aufnehmen und in Kombination mit gebrauchten Naturstein- oder Klinkerplatten wieder verschönern.

Natursteinpflaster: Formate

Die Steinformate werden bereits in den Steinbrüchen zugerichtet. Handelsüblich unterscheidet man zwischen Groß-, Klein- und Mosaikpflastersteinen.

Die für **Großsteinpflaster** gängigen Größen bezeichnen sich 13/15, 15/17 und 17/19 cm. Es sind damit Würfel in den Abmessungen 14 x 14 cm, 16 x 16 cm und 18 x 18 cm gemeint. Die Kantenlänge variiert dabei um +/- 1 cm, da Natursteine nicht ganz exakt gebrochen werden können. In der Größensortierung 13/15 cm gibt es also Steine, die genau 14 x 14 cm groß sind, aber auch solche, die bis 13 x 15 cm messen.

Kleinpflaster wird meist maschinell mit Hartmetallkeilen gebrochen. Gebräuchlich sind die Größen 7/9, 8/10 und 9/11 cm. Die Steine sind auch hier annähernd würfelförmig, mit Abmessungstoleranzen nach unten und oben. Von der Größensortierung 9/11 cm benötigen Sie etwa 100 bis 110 Steine pro Quadratmeter.

Auch das **Mosaikpflaster**, die kleinste Pflastergröße, wird im Maschinenschlag hergestellt. Üblicherweise sind die Größen 6/8, 5/7, 4/6 und 3/5 erhältlich. Bei der Kantenlänge 5/7 cm kommen etwa 270 bis 290 Steine auf einen Quadratmeter.

Mit **Kieselsteinpflaster** können Sie Aussparungen schließen oder ein Ornament bilden.

Findlinge sind von Flüssen weit transportierte und somit gerundete Steine. Sie werden mindestens 1/3 in den Boden eingegraben. Ihre eigentliche Wirkung erzielen diese Steine erst ab 80 cm Größe.

Pflastersteine

Kieselsteine

Findlinge

Größe	Steinart	ca. qm/to	Preis: ca. €/to
4/6	Granit, hellgrau	10,00	250,–
8/10	Granit, hellgrau	5,00	235,–
6/8	Porphyr, braunbunt	7,40	360,–
8/10	Porphyr, braunbunt	5,50	370,–
6/8	Carrara, weiß/zartgrau	6,00	420,–
8/10	Carrara, weiß/zartgrau	–	440,–

Natursteinpflaster: Gesteinsarten

Die Natursteine werden aus etwa 40 gesteinsbildenden Mineralien aufgebaut.

Die Art der Zusammensetzung eines solchen Gemenges entscheidet über die Dauerhaftigkeit des Werksteins, seine Bearbeitbarkeit und seine Farbe.

Auch seltener vorkommende Gesteine sind in der nachfolgenden Aufstellung verzeichnet und mit einem Stern (*) markiert. Sie sind meist sehr schön und zweckmäßig, in der Regel jedoch meist nur noch gebraucht zu bekommen.

Granit: fein- bis grobkörnig; Bearbeitbarkeit je nach Körnung; nahezu unbeschränkte Haltbarkeit; reiche Farbskala; bekanntestes und häufig vorkommendes Tiefengestein.

Gneis: schiefrige Granitart mit geschichteter Struktur; schwer, aber sehr genau zu bearbeiten, sehr hohe Haltbarkeit; schwarz, anthrazit, weiß mit grauen oder grünen Einschlüssen, braun durch Eisengehalt, rostend; Schweiz, Österreich, Italien.

Quarzit: grob- oder feinkörnig, plattig geschichtet; besonders hart und dauerhaft, jedoch wegen des hohen Glimmeranteils gut spaltbar; hellgrau, grün und weiß, jeweils schillernd durch Quarzanteile; Schweiz, Österreich, Italien.

Granit, Gneis und Quarzit sind Hartgesteine von höchster Haltbarkeit. In Deutschland sind bedeutende Vorkommen in der Oberpfalz, im Fichtelgebirge, Bayerischen Wald, Harz, Odenwald, Spessart und Schwarzwald zu finden, vereinzelt auch in der Norddeutschen Tiefebene. Weitere Hartgesteine sind:

* Syenite und Diorite: fein- bis grobkörnig; mittel bis schwer zu bearbeiten; sehr haltbar, dauerhaft, dunkelgrün bis schwarz; Oberpfälzer Wald.

* Gabbro: grobkörnig; mittelschwere Bearbeitbarkeit, sehr hart und wetterbeständig; einheitlich grau bis grün; Harz, Nordostbayern.

* Porphyr: gleichmäßig feinkörnig; verschieden schwere Bearbeitbarkeit; zähes, dauerhaftes Gestein, jedoch nicht absolut frostfest; einheitlich rötlich, gelblich, grünlich, gräulich; Italien, auch Harz, Odenwald, Schwarzwald, Hunsrück.

* Diabas: mittelkörnig; schwer zu bearbeiten; sehr dauerhaft und wetterbeständig; dunkelgrün; Harz, Fichtelgebirge.

Basalt: sehr feinkörnig; splittrig; schwer zu bearbeiten; sehr haltbar, grau bis schwarz, dunkelgrün, Vogelsberg, Westerwald, Eifel, Rhön.

* Melaphyr: feinkörnig; schwere Bearbeitbarkeit; hohe Haltbarkeit; sehr schöner, grau-grünroter Stein; Hunsrück.

Balasttuff: zählt ebenfalls zu den Hartgesteinen, wird nur zu Platten gesägt verarbeitet.

Von den Weichgesteinen finden Verwendung als Pflasterbelag:

Dolomite: feinkörnig; gut bearbeitbar, härtestes Kalkgestein und sehr wetterbeständig; weiß bis gräulich; polierfähig; u.a. Schwäbische Alb, Oberbayerische Alpen, Franken, Hessen.

Marmor: kristalliner Kalk, sehr gute Bearbeitbarkeit; hohe Haltbarkeit; weitgestreute Farbpalette, polierfähig; häufiges Vorkommen.

Ruhrsandstein: feinkörnig; gute Bearbeitung; sehr dauerhaft; blau- bis gelbgrau und bräunlich; Westfalen.

Als Verwandte ist die *** Grauwacke** des Bergisches Landes, des Harzes und vom Elsaß zu erwähnen. Sie ist feinkörnig, grau mit dunklen Gemengeteilen und teilweise sehr hart.

Amatonitgranit

Paragneis

Diabas

Quarzit

Melaphyr

Syenit

Natursteinplatten: Formate und Gesteinsarten

Musterplatten

Granitplatte und Quarzit

Natursteinplatten wurden früher durch Abkeilen gewonnen. Heute werden mehr und mehr gesägte Platten auf den Markt gebracht. Abgespaltene Platten sind optisch reizvoller als gesägte, und zwar durch ihre interessante Oberfläche und die bruchrauhen Saumkanten. Das Sägen von Platten hat dagegen vor allem funktionelle Vorteile. Es können großflächige Platten in beliebiger Stärke hergestellt werden, die durch ihre exakte ebene Oberfläche auch in Innenräumen verlegt werden können. Wer ungleichmäßige Umrißkanten vorzieht, bekommt die gesägten Platten auch handbekantet.

Neben rechteckig gebrochenen oder gesägten Bahnenplatten gibt es auch scherbenartige Bruchplatten, sogenannte Polygonalplatten.

Allgemein gilt, daß die Plattengröße mindestens 0,25 qm betragen sollte, besser sind auf jeden Fall größere Formate ab 0,33 qm. Große Platten ergeben eine ruhigere Wirkung und standsicherere Flächen. Das gilt insbesondere bei der Verwendung von polygonalen Stücken.

Bahnenware ist in fixen Breiten mit Überlängen erhältlich, d.h. die Länge ist gleich Breite oder

Naturstein-Rechteckplatten			
Steinart	**Farbe, Stärke, Kanten**	**Format in cm**	**ca. €/qm**
Granit	hellgrau, 2 cm, gesägt	60 x 35	50,–
	dunkelgrau, 4 cm, handbekantet	60 x 35	65,–
Kalkstein	beige, 5 cm, gesägt	Bahnenbreite 40	75,–
Quarzit	gelb-/weißbunt, 3–5 cm, gebrochen	versch. Formate	70,–
Quarz-Schiefer	dunkelgrün, 1,5–2 cm, gesägt	60 x 30	35,–
Trachyt	rotbraun, 4 cm, gesägt	Bahnenbreite 30	60,–

größer. Die Regel sind Breiten ab 10 bis etwa 60 cm in 5-cm-Abstufungen.

Angeboten werden Platten aus den **Hartgesteinen** Gneis (in allen Variationen als Bruchplatten), Granit (meist nach Maß), Quarzit, Porphyr und Basalttuff.

Ebensogut geeignet sind für Plattenbeläge **Weich- bzw. Schichtgesteine**. Dazu nachstehende kurze Beschreibung:
Kalkgesteine: dazu gehören u.a. Muschelkalk, Travertin, Kalktuff, Plattenkalke, Marmor. Kalkgesteine sind aufgrund ihrer verschiedensten mineralischen Beimengungen sehr unterschiedlich in Dauerhaftigkeit, Struktur und Färbung. Helle, gelblich-graue Töne herrschen vor. Vorkommen in fast allen europäischen Ländern.

Muschelkalk: nur für den Innenbereich geeignet, da von grobkörniger bis hohllöchriger Struktur; gut zu bearbeiten; unbeschränkt haltbar; Vorkommen u.a. Maingebiet bei Würzburg.
Travertin: stark wechselnde Struktur, dicht und einheitlich bis porös; gut zu bearbeiten; Haltbarkeit je nach Struktur verschie-

den; gelb, ocker bis braun; Stuttgart-Bad Cannstatt, Schäbische Alb, Italien.
Kalktuffe: zunächst weich und porös, nach der Bearbeitung härten sie binnen einiger Wochen aus; reizvolle Struktur; leicht bearbeitbar; dauerhaft; weiß/gelb; Schwäbische Alb; Oberbayern, Maingebiet, Eifel.
Plattenkalke: stark geschichtetes Gestein; gute Bearbeitbarkeit; beschränkte Haltbarkeit im Freien, unbeschränkt haltbar, wenn keine Feuchtigkeit hinzu kann; weißlich bis gelblich; bekannt ist u.a. der Solnhofer Kalkschiefer.
Nagelfluh: durch Verkittung von Rollschotter entstanden; schwere Bearbeitbarkeit; sehr hart und haltbar; grau, gelblich; Vorkommen an der Basis von Hochgebirgen und in gebirgsnahen Flußtälern.
Sandsteine: uneinheitliche Struktur, fein- bis grobkörnig; z.T. mit Hohlräumen; gute Bearbeitbarkeit; Haltbarkeit je nach Mischung der Mineralien und ihrer Verkittung; viele Färbungen: Rottöne, hellbraun, gelblich, grünlich, viele Vorkommen: u.a. Elbe, Weser, Main, Neckar, Süd-Westfalen, Nordrand der Mittelgebirge.

Porphyr-Bahnenware

Gneis-Polygonalplatte

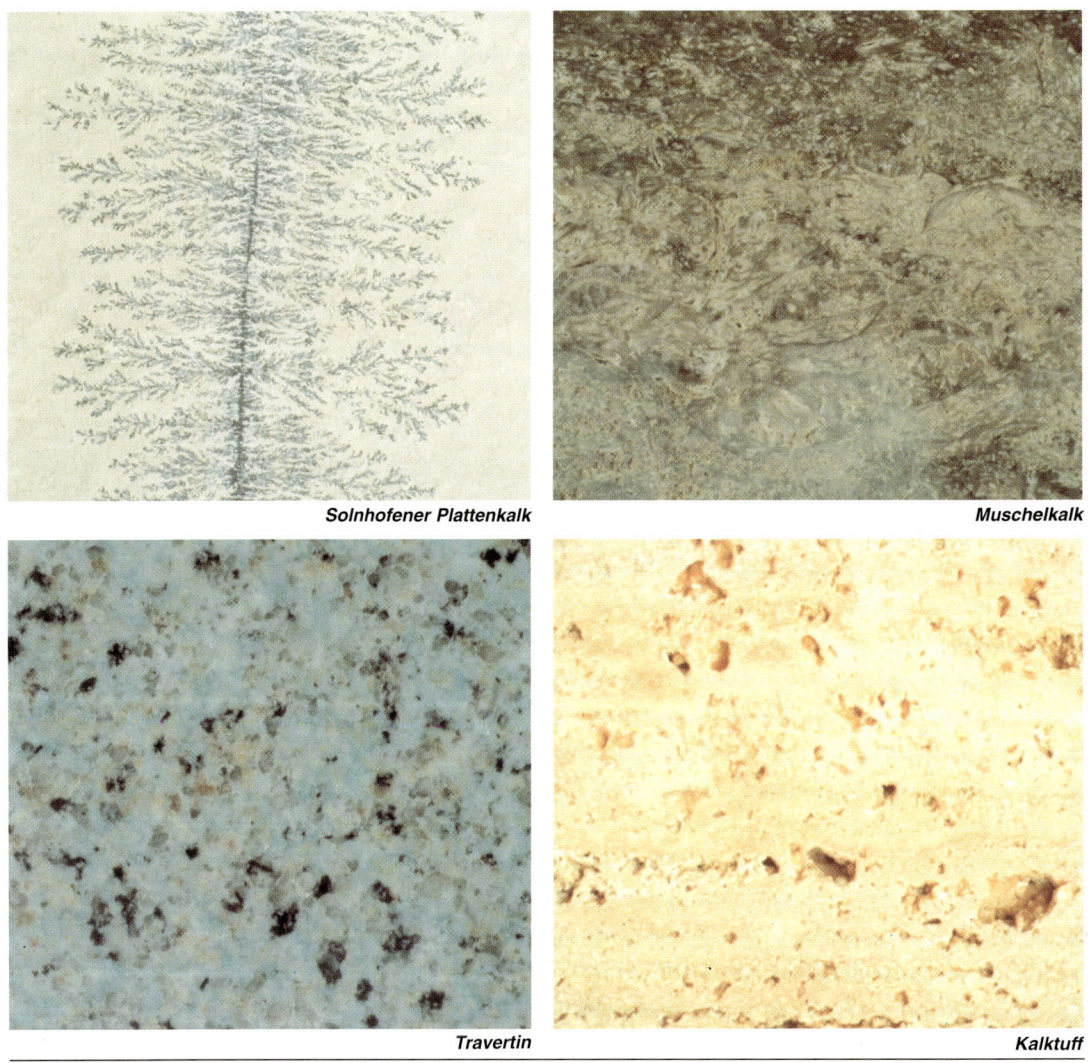

Solnhofener Plattenkalk

Muschelkalk

Travertin

Kalktuff

Klinker und Ziegel

Klinker sind Formsteine aus eisenhaltigem Ton, die bis zur Sinterung, d.h. bis zur beginnenden Verglasung gebrannt werden. Die hieraus entstehenden ungelochten Vollziegel sind in der Regel frostsicher und sehr widerstandsfähig. Sie sollen frei von Hohlräumen und Rissen sein. Oberflächenrisse sind dagegen unbedenklich.

Sogenannte »Riemchen« haben die Abmessungen 24 x 6 x 6,2 cm. Es werden auch Verbundpflasterklinker gefertigt: in Doppel-T-Form sind sie 24 x 11,5 cm groß. Größenabweichungen vom Sollmaß sind bis zu 4 Prozent nach unten oder oben zulässig.

Pflasterklinker gibt es häufig oberflächenbehandelt (Besandung, Handstrich, Waffelmuster usw.)

oder mit abgeschrägter oberer Kante (Fase).

Bei den Handstrichklinkern ist noch das alte Klosterformat mit 34 x 16,5 x 7 cm im Handel. Alle Formate unter 4,5 cm Stärke laufen unter der Bezeichnung Spalt- und Bodenplatten.

Fehlgebrannte Steine sehen oft schöner aus als penetrant rote; nicht optimal gefertigte ähneln gebrochenem Natursteinmaterial.

Ziegelpflaster ist sehr reizvoll, es wird jedoch niedriger gebrannt als Klinker, hat deshalb mehr Poren und ist weicher.

Ziegel können mehr Wasser aufnehmen und sind daher frostempfindlicher. Belastung und Druckfestigkeit sind geringer, die Empfindlichkeit gegenüber Säuren ist hoch.

Musterplatten

Klinkerplatten, gebraucht

Pflasterklinker				
Format in ca. cm	Farbe	Oberfläche/ Ausführung	ca. St./ qm	ca. €/ St.
30 x 30 x 4	rot	glatt, mit Fase	11	3,–
9,7 x 9,7 x 5,5	mokka-bunt	leicht geschält, ohne Fase	100	0,5
23 x 11 x 5,5	rotbraun	geschält, kleine Fase	38–40	1,–
24 x 12 x 5,2	hellbraun-bunt	geschält, mit Fase	33–35	1,–
20 x 10 x 5,2	flammen-bunt	geschält, mit Fase	48–50	1,–
20 x 20 x 6,3	rot	geschält, mit Fase	23–25	2,–

Schüttgut und Beton

Rundkorn 32/X

Rundkorn 16/32

Kies, Schotter, Splitt und Sand sind mineralische Gemenge aus in der Natur vorkommenden Gesteinen.

Ihre Mengenberechnung erfolgt in Kubikmeter oder nach Gewicht in Tonnen.

Man unterscheidet gebrochene Materialien (Splitt und Schotter) von ungebrochenen (Sand und Kies). Sie werden gesiebt nach Korngröße ab Kieswerk verkauft. **Kiese** gibt es in den Korngrößen 4/8, 8/16, 16/32 und 32/X. Gemeint ist mit der Bezeichnung die Größe des kleinsten/größten Korns in Millimeter. Feine Kieskörnungen dienen als Zierkiese. Mittlere bis grobe Körnungen werden zum Verfüllen von Schächten verwendet, da sie nicht mehr verdichten.

Schotter ist wie Kies zu verwenden. Feine Körnungen (2/5 oder 5/8) werden häufig als Verlegeschicht eingebaut, um darin zu pflastern oder Platten darauf zu legen.

Gröberes Material (z.B. Bahn- oder Straßenschotter) wird zum Auffüllen von Plätzen oder anderen Flächen genommen. Durch die kantige, gebrochene Beschaffenheit verkeilen sich die Steine gut untereinander. Trag-schichten aus Schotter sind sofort belastbar und sehr fest. Gebrochener Schotter aller Korngrößen härtet unter Einwirkung von Wasser (Bodenfeuchte, Niederschlag bzw. gezielte Zugabe) stark aus. Bindemittel ist der durch das Brechen freigewordene Kalk.

Sande haben eine Korngröße von unter 4 mm. Im Natursand können Sie direkt verlegen.

Beton aus Kies ist für einige Verlegearbeiten zu grob. Mischen Sie sich alternativ Mörtel aus Natursand. Schweiß- oder Quarzsand ist optimal geeignet zum Schlämmen von Mauer- oder Treppenansichten. Mit Zement oder Wasser angerührt, lassen sich mit Schweiß- oder Quarzsand lose, ehemals gemörtelte Platten und Steine ankleben.

Brech- bzw. Quetschsand wird mit Wasser in die grobkörnigen Schichten der wassergebundenen Decke eingeschlämmt, um die Hohlräume zu schließen. Als Fugenmaterial kommen Natursand 0/4 oder **Splitt** 2/5 (kleinste Schotterkörnung) in Betracht.

Natursand und Splitt härten im Gegensatz zu Brech- oder Quetschsand nicht aus, weshalb das Wasser gut durch die Fuge abfließen kann. Auf ein Gefälle des Terrassenbelags dürfen Sie jedoch nicht verzichten.

Mit Splitt ausgefegte Fugen sind durch das Verkanten der Körnung sehr stabil. Über den Splitt fegen Sie eine Schicht Natursand ein. Das sieht schöner aus und läßt die Fugen eingrünen.

Brech- oder Quetschsand härtet durch den Kalkanteil, der durch das Brechen freigesetzt wurde, aus, und anfliegende Samen können sich nicht festsetzen. Die Aushärtung erfolgt jedoch nur bei ausreichender Zufuhr von Feuchtigkeit. Einen Belag unter Dach müssen Sie mehrmals nachwässern.

Klinkerflächen werden nicht mit Brech- oder Quetschsand verfugt, da leicht Kalkschleier auf dem Belag verbleiben oder Kalkausblühungen in den Fugen auftreten.

Mit **Mörtel** können Sie nur verfugen, wenn der Unterbau aus einem starren Betonbett besteht. Fugen gleichen die Bewegung des Unterbaus aus, d.h. auf weichem Unterbau bewegen sich Platten oder Steine leicht. Starre Fugen würden reißen. Mörtel wird gemischt aus 3 bis 4 Teilen Natursand, 1 Teil Traßzement und Wasser (erdfeuchter Zustand). Damit kein Zementschleier zurückbleibt, muß jede Verschmutzung sofort weggewaschen werden.

Transportbeton können Sie sich in baufertigem Zustand auf die Baustelle liefern lassen oder den Beton selbst mischen, von Hand oder mit der Maschine.

Von der Hand mischen Sie immer auf einer festen, sauberen Unterlage (z.B. Schubkarre). Kiessand und Zement schaufeln Sie mindestens zweimal trocken durch, bevor Sie Wasser zugeben.

Wenn Sie größere Betonmengen zu mischen haben, leihen Sie sich eine Betonmischmaschine über den Baumaschinen- oder Geräteverleih aus.

Je Arbeitsgang lassen sich mit dem 150-Liter-Mischer etwa 0,10 Kubikmeter Beton mischen. Bringen Sie den Beton sofort ein und verdichten Sie ihn mit dem Handstampfer, wenn Sie einen Unterbau erstellen. Bei Sonne und Hitze müssen Sie einen Unterbeton etwa 3 Tage feucht halten, damit er nicht zu schnell abtrocknet. Überspannen Sie die Fläche deshalb mit dünner Baufolie.

Splitt 22/32

Splitt 8/11

Wissenswertes über Kletterpflanzen

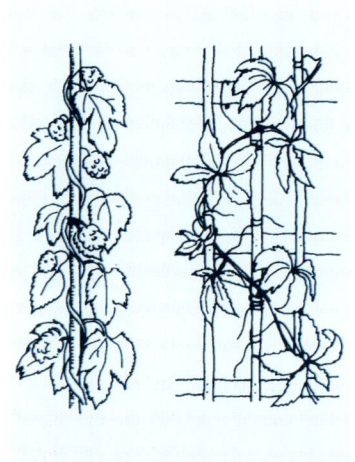

Schlinger und Ranker

Selbst- und Spreizklimmer

Kletterpflanzen eignen sich als Sichtschutz und Schattenspender an Pergolen und Zäunen.

Man unterscheidet Schlinger, Ranker, Selbstklimmer und Spreizklimmer.

Schlinger umwinden ihre Stütze mit dem gesamten Sproß; die meisten drehen links herum (entgegen dem Uhrzeigersinn), wie z.B. die Feuerbohne und die Schwarzäugige Susanne. Nur wenige sind Rechtswinder, wie Hopfen oder Geißblatt. Beachten Sie bei der Pflanzung die Drehrichtung der Sprossen.

Ranker haben spezielle Kletterorgane entwickelt, um sich an der Stütze festzuhalten. Die Clematis umschlingt die Kletterhilfe mit besonders langen Blattstielen. Duftwicke und Glockenrebe haben Rankorgane aus Blättern gebildet. Wilder Wein und Passionsblume ranken mit Hilfe umgebildeter Sprossen.

Selbstklimmer brauchen keine zusätzliche Kletterhilfe. Sie bilden an ihren Rankenden Haftorgane oder -scheiben aus. Einige Formen des Wilden Weins gehören dazu. Der Efeu ist ein sogenannter **Haftwurzler**. Seine Triebe entwickeln auf der dem Licht abgewandten Seite Haft-

wurzeln, sobald sie mit einem festen Untergrund in Berührung kommen. Ähnliche Wurzeln bilden auch die Kletterhortensie, die Trompetenblume und der Spindelstrauch.

Ein typischer **Spreizklimmer** ist die Kletterrose. Sie verfügt über keine besonders ausgebildeten Kletterorgane, sondern schiebt sich an der Kletterhilfe empor, wobei sie sich mit ihren Stacheln festhält. Meist ist ein zusätzliches Anbinden nötig, da sie sich allein nicht genügend Halt verschaffen kann.

Kletterpflanzen wirken – wie jede Begrünung – positiv auf den Menschen.

Kletterpflanzen sind wuchsfreudig und verhältnismäßig anspruchslos. Ihre Eigenschaft zu klettern ist da von Nutzen, wo immer mehr Erdflächen zugebaut werden. Bisher größtenteils ungenutzte senkrechte Flächen (Gebäudewände) können als Grünbereich angelegt werden. Nässe und Feuchtigkeit werden von den begrünten Flächen dadurch abgehalten, daß die Blätter dachziegelartig übereinanderliegen und das Regenwasser über die Blätter zur Erde abfließen kann.

Berücksichtigen Sie bei der Pflanzenauswahl die ökologischen Voraussetzungen. Fragen Sie Ihren Händler nach der Sonnen- und Windverträglichkeit verschiedener Kletterpflanzen.

Für die **Südseite** des Hauses verwendet man am besten sommergrüne, laubabwerfende Pflanzen, damit die Sonnenstrahlen im Winter das Mauerwerk besser erwärmen können (Kiwi, Echter Wein, Spalierobst u.a.).

Für die **Westseite** ist ein immergrüner Bewuchs am besten geeignet, es sei denn, sie erhält viel Sonne und wenig Schlagregen. Dann wird sie wie eine Südseite behandelt. Dasselbe gilt für die **Ostseite**. Die sonnenabgewandte **Nordseite** erhält einen dichten, immergrünen Bewuchs.

Allgemein werden Kletterpflanzen im Frühjahr und im Herbst eingepflanzt. Für Clematis jedoch ist das Frühjahr vorzuziehen, damit sie bis zum ersten Frost gut eingewurzelt ist. Nicht alle Kletterpflanzen sind frosthart. Arten wie zum Beispiel die Kiwi sind für tiefe Wintertemperaturen nicht geeignet.

Alle Kletterpflanzen gedeihen in gutem Gartenboden. Bei der Pflanzung arbeiten Sie organisches Material wie Kompost, verrotteten Mist, Lauberde oder Torf in den Boden ein.

Kletterpflanzen wurzeln in der Regel recht tief. Die Pflanzgrube sollte deshalb etwa 60 cm tief sein und 60 bis 90 cm Durchmesser haben. Helleren Unterboden und dunkleren Oberboden lagern Sie getrennt. Zum Auffüllen mischt man das Aushubmaterial (hell und dunkel getrennt) im Verhältnis 1:1 mit organischem Material. Dann füllen Sie die Pflanzgrube zu zwei Drittel mit dem hellen Boden, bis er bündig mit der Erdoberfläche abschließt. Der Boden um die Pflanze herum wird festgetreten. Bilden Sie einen Erdwall aus dem überschüssigen Boden rund um die Pflanze. Angießwasser und später Gießwasser werden in den Graben gegeben.

Kletterpflanzen lieben einen schattigen Wurzelbereich. Halten Sie ihn deshalb immer mit Mulch bedeckt. Entlang des Zauns setzen Sie die Pflanzen in Abständen von 4 bis 5 cm.

Clematis

Kletterrose

Jelängerjelieber

Clematis

Pflanzen Sie die Kletterpflanze direkt neben den Zaun ein, und leiten Sie die Triebe an den Zaun heran.

Lehnen Sie den Stab, der die Jungpflanze hält, an den Zaun an, oder befestigen Sie die Kletterpflanze direkt am Zaun. Efeu muß anfänglich durch Zaunmaschen geflochten werden, später klettert er von alleine weiter.

Für stark wachsende Kletterpflanzen wie Blauregen oder Knöterich muß ein Zaun entsprechend stabil sein. Maschendrahtzäune sind ungeeignet. Die meisten Kletterpflanzen bedürfen nur als Jungpflanzen einer gewissen Leitung. Spreizklimmer dagegen, z.B. Kletterrose, Brombeere und Winterjasmin, müssen mit ihren neuen Trieben angebunden werden. Manchmal klettern auch Efeu und Wilder Wein am Anfang schlecht. In diesem Fall sollten Sie die jungen Triebe mit Klebestreifen an die Kletterhilfe heften, bis sich Haftorgane gebildet haben.

Kletterpflanzen müssen regelmäßig mit Wasser versorgt werden. Wässern Sie gründlich, damit das Wasser auch bis in die tieferen Wurzelbereiche dringen kann. In der Wachstumsperiode von April bis Oktober wird alle 8 bis 10 Tage gegossen, Jungpflanzen oder frisch verpflanzte Exemplare müssen häufiger gewässert werden.

Die Nährstoffversorgung in dem mit Kompost angereicherten Pflanzloch reicht für die ersten Jahre aus. Durch Mulchen und weitere Kompostgabe bekommen die Pflanzen ausreichend Nahrung.

Kletterpflanzen, die die ihnen zugedachte Wuchsleistung erreicht haben, bedürfen keiner weiteren Düngung mehr.

Im allgemeinen müssen Kletterpflanzen nicht regelmäßig zugeschnitten werden. Es genügt, im Frühjahr alte, abgestorbene oder erfrorene Pflanzenteile mit einer Rebschere zu entfernen.

Jungpflanzen sind gegen starken Frost empfindlich. Decken Sie sie mit Reisig ab oder häufeln Sie Erde 20 bis 30 cm hoch an, um Erfrierungen zu vermeiden. Wassermangel erhöht die Anfälligkeit der Pflanzen gegenüber Frost.

Die wichtigsten Werkzeuge

Auf diesen beiden Seiten finden Sie Kurzbeschreibungen der wesentlichen Werkzeuge, die Sie benötigen, um Pergolen, Zäune und Terrassen zu bauen. Welche Werkzeuge Sie für einzelne Arbeitsgänge und -anleitungen brauchen, ersehen Sie unter der Rubrik »Werkzeug«, die Sie bei allen Arbeitsanleitungen finden.

Werkzeuge zum Messen und Richten

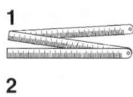

1 **Zollstock**: Aus Holz, 1 oder 2 m Länge. Bei größeren Längen empfiehlt sich ein Bandmaß.

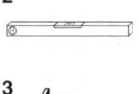

2 **Wasserwaage**: Aus Holz oder Aluminium mit 60 bis 100 cm Länge. Sie besitzt zwei Libellen zum Bestimmen der Horizontalen und der Vertikalen.

3 **Rechter Winkel**: Aus Stahl mit Schenkeln von 40 bis 60 cm Länge, dient z.B. zum Richten von Ecksteinen.

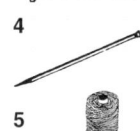

4 **Schnureisen**: Aus Volleisen, 0,8 bis 1,2 m lang, 20 bis 30 mm Durchmesser und gespitzt. Sie werden zum Ausfluchten gebraucht.

5 **Maurerschnur**: Aus Perlon, für alle Absteckarbeiten.

6 **Richtlatte**: Es genügt eine saubere Holzlatte mit parallelen, geraden Kanten, deren Länge Sie nach Bedarf zuschneiden.

7 **Senklot**: Zum Bestimmen vertikal übereinanderliegender Punkte brauchen Sie ein Senklot.

Werkzeuge für die Bodenbearbeitung

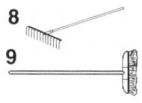

8 **Baurechen**: Mit groben Zinken für die Planie.

9 **Besen**: Mit dem Besen kehren Sie das Fugenmaterial ein.

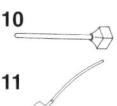

10 **Handstampfer**: Zur Untergrundverfestigung und zum Einrütteln von Pflaster erforderlich.

11 **Schaufel**: Zum Verteilen von Erdreich und Schüttgütern.

12 **Schubkarre**: Mit einem Unterrahmen oder/und verwindungsfestem Rahmen: Dient zum Transport von Material ebenso wie zum Mischen von Beton und Mörtel.

13 **Spaten**: Zum Abstechen und Ausheben von Erdreich ist ein Spaten unentbehrlich.

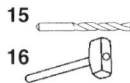

14 **Spitzhacke**: Zum Lockern von Erdreich.

Werkzeuge zum Befestigen

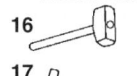

15 **Metallbohrer**: Zum Bohren von Löchern in Holz und Metall.

16 **Vorschlaghammer**: Zum Eintreiben von Pfosten in das Erdreich.

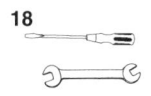

17 **Hammer**: Zum Einschlagen von Nägeln und Anschlagen von Schrauben sowie zum Einrichten von Schnureisen ist ein Hammer wichtig.

18 **Schraubenzieher und Gabelschlüssel**: Zum Festziehen von Maschinenschrauben bzw. Holzschlüsselschrauben mit Sechskantkopf bzw. mit einfachem oder Kreuzschlitz.

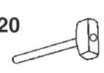

19 **Beißzange**: Zum Festdrehen oder Abwickeln von Drähten und zum Eindrehen von L-Beschlägen.

Verlegewerkzeuge

20 **Fäustel**: Verschiedene Größen im Gewicht von etwa 1000 bis 1500 g. Dient dazu, Schnureisen einzuschlagen, Steine grob zuzuhauen etc.

21 **Gummihammer**: Zum Festklopfen von Platten.

22  **Maurerhammer**: Gewicht etwa 1500 g. Mit der hinteren »Schlagbahn« klopfen Sie Steine fest, mit der vorderen Schneidefläche führt man feinere Arbeiten auf leicht bearbeitbarem Stein durch.

23 **Schlagmeißel**: Aus achtkantigem Stahl von 12/14/16/18/20 mm Durchmesser. Längen von 18 bis 22 cm sind empfehlenswert. Mit dem Schlagmeißel lassen sich Kanten bearbeiten und gröbere Unebenheiten von der Oberfläche entfernen.

24 **Maurerkelle**: Aus Stahl. Zum Herstellen von Mörtelkeilen um Betonanker herum oder an Belagsrändern.

25 **Fug(en)eisen**: Zum Ausfugen in verschiedenen Breiten von 0,8 bis 1,5 cm. Es ist als Hohleisen und als Flacheisen in Gebrauch, je nachdem, ob voll oder hohl ausgefugt werden soll.

31  **Kleinlader**: Für Aushub und Transport. Das Leihgerät mit Bedienungspersonal wird nach Arbeitsstunden inklusive Anfahrt berechnet.

32 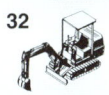 **Minibagger**: Für den Aushub von Fundamentgräben, Teichen etc. Das Gerät ist mit Bedienungspersonal auszuleihen.

33  **Meißelhammer**: Kann ausgeliehen werden. Für mittlere Meißelarbeiten leihen Sie sich einen Abbruchhammer.

34  **Kabeltrommel**: Mit mindestens 50 m Kabel.

35  **Bohrmaschine**: Mit rechts- und linksdrehendem Lauf für Schraubarbeiten. Gleichzeitig mit Schlagbohrvorrichtung fürs Bohren in Stahlbeton.

36  **Betomischmaschine**: Für das Mischen größerer Mengen von Beton. Kann auch ausgeliehen werden.

Elektrowerkzeuge und Maschinen

26  **Winkelschleifer**: Für den Trockenschnitt von Steinmaterial. Mit entsprechender Trennscheibe zum Schneiden von Metall und Beton. Vorsicht! Starke Staubentwicklung.

27 **Steinsägetisch**: Zum nassen Zuschneiden von Naturstein und Beton.

28 **Rüttelplatte**: Für kleinere Flächen mit einer zu verdichtenden Aufschüttung von 40 cm.

29 **Rüttelstampfer**: Für kleinere Flächen mit über 40 cm starker Aufschüttung. Tiefenwirkung etwa 60 cm.

30 **Rüttelwalze**: Zum Abwalzen und Abrütteln. Durch die Rollbewegung wird das zurechtplanierte Material nicht mehr verschoben.

Werkzeuge zur Holzbearbeitung

37  **Stichsäge**: Zum Anlängen von Latten, Rund- und Kanthölzern, deren Durchmesser weniger als 60 mm beträgt, verwenden Sie am besten eine Stichsäge.

38  **Hand- oder Tischkreissäge**: Zum Absägen von stärkeren Rund- oder Kanthölzern. Mit einer Tischkreissäge mit Anschlag lassen sich Faserlängsschnitte und Winkelschnitte genauestens herstellen. Die Handkreissäge befestigen Sie am besten an einem geeigneten Werktisch.

39  **Elektrohobel**: Zum Glätten von sägerauhem Holz und Herstellen von Fasen bei scharfkantigem Holz

40  **Schwingschleifer**: Glättet rauhe Oberflächen nach dem Hobeln.

Pergolabau

1–2 Pergolen bestehen aus Stützen oder Pfosten mit daraufgelegten Traghölzern oder Pfetten, auf die Auflagehölzer oder Sparren montiert werden. Die Pfetten können längs der Hauswand verlaufen und die Sparren in Querrichtung oder umgekehrt.

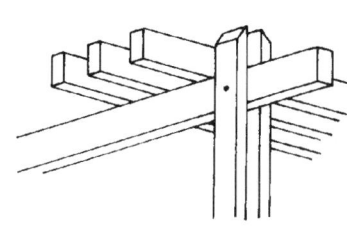

3–4 Eine interessante Variante ist die Verdoppelung von Bauteilen. In die Doppelstütze aus zwei oberseits abgeschrägten Hölzern wird das Tragholz eingespannt. Darauf liegen die Sparren. Wenn Sie die Stütze aus 4 Dachlatten bilden, können Sie sowohl die Traghölzer als auch die Sparren einspannen.

Darunter eine Kantholzpergola mit Traghölzern als Zangenkonstruktion. Die beiden Holme werden beiderseits der Stütze angeschraubt oder durch eine Schloßschraube verbunden. Der Pfostenkopf ist pyramideförmig ausgebildet, damit das Regenwasser rasch abfließen kann.

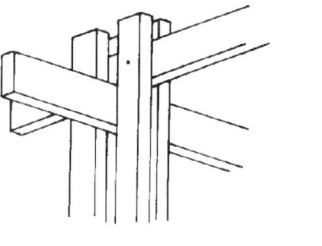

5 Eine Alternative zur Auflagepergola ist die Rahmenpergola. Stützen und Traghölzer sind auf einer Höhe miteinander verbunden und bilden einen Rahmen, worauf die Sparren montiert werden.

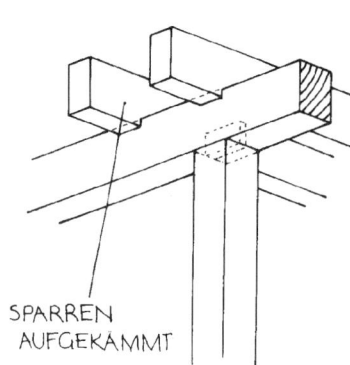

SPARREN
AUFGEKAMMT

1

2

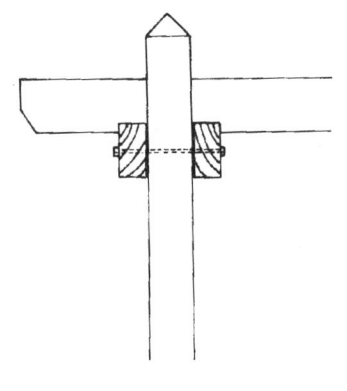

3

4

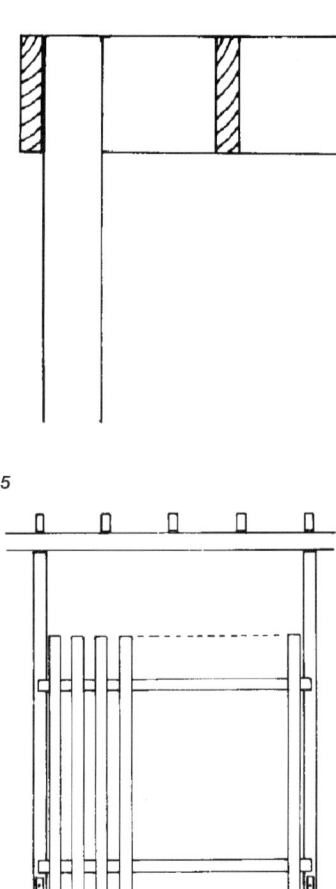

6 Zwischen die Pergolastützen können Rankgitter eingesetzt werden. Sie gewinnen dadurch zusätzliche Begrünungs- und Schutzfunktion gegen Wind, Sonne und neugierige Einblicke von außen.

7 Pergolen sind mit 2,30 bis 2,50 m ausreichend hoch. Gemauerte Pfeiler müssen höher sein (3,00–3,50 m). Mit aufliegenden Hölzern lassen sich maximale Spannweiten von 3,00 bis 3,50 m erzielen. Metallkonstruktionen erlauben größere Spannweiten, ebenso Doppelholmpfetten mit Verstrebungen und Holzkonstruktionen in Kassettenbauweise. Möglich sind auch zusätzliche Stützen im Sitzplatzbereich.

8–10 Wichtig für die Stabilität der Pergola ist die Wahl der richtigen Profilstärke.
Rundholzpergolen (Querschnitte): Stützen und Pfetten 10 bis 16 cm; Oberhölzer 6 bis 10 cm im Abstand von 40 bis 80 cm; Kantholzpergolen: Stützen quadratisch, Kantenlängen 10 bis 12 cm; Pfetten rechteckig 10/12 cm bis 12/18 cm; Oberhölzer 8/10 cm bis 10/16 cm Abstand von 60 bis 100 cm, meist hochkant.

5

6

7

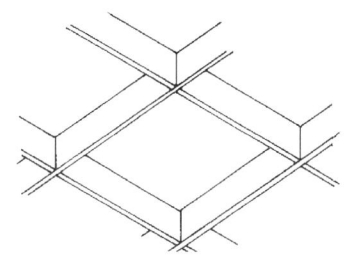

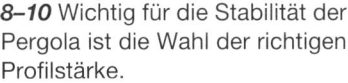

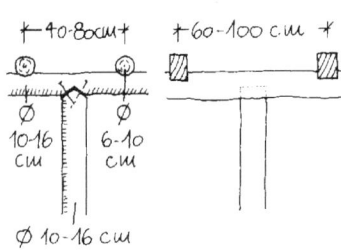

8

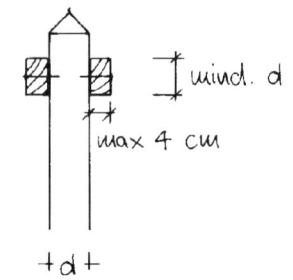

9

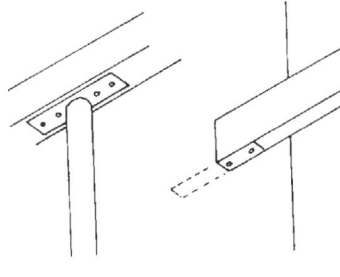

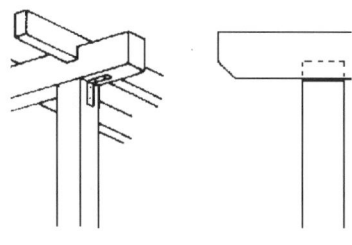

10

11

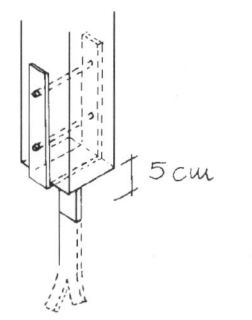

5 cm

12

Verbauen Sie Betonfertigteile nur sehr schmal dimensioniert. Ein Querschnitt von 20 x 20 cm ist ausreichend für die Stützen.

Für ein ansprechendes Größenverhältnis sollten die Auflagehölzer (Kant- oder Rundhölzer) mindestens 15 cm Durchmesser haben. Pfetten lassen sich auch zangenartig am Pfosten befestigen. Verwenden Sie dafür Latten oder Kanthölzer von geringer Breite (bis zu 4 cm), die aber mindestens so hoch sind wie die Stütze breit ist.

Gemauerte Pergolenpfeiler besitzen einen Mindestquerschnitt von 36 bis 40 cm mit entsprechender Eisenarmierung in der Pfeilermitte. Verzinkte Metallrohre (Ø 5 cm) als Pergolastützen bleiben auf der Unterseite offen. Oberseits wird eine Lasche in der Breite des Rohrdurchmessers aufgeschweißt, die beidseitig 5 bis 8 cm übersteht. Die Überstände erhalten je 2 Bohrlöcher, um die Holzauflage mit der Stütze zu verschrauben.
Reine Metallkonstruktionen lassen sich aus Vierkantprofilen (50/50 oder 50/80) zusammenschweißen.

11 Die Verbindung von Holzpfetten und Holzpfosten läßt sich auf verschiedene Weise herstellen. Sie können die Pfetten auf die Pfosten aufnageln, mit Winkeleisen daran festschrauben oder Stütze und Pfette verzapfen.

12 Über Eck gebaute Pergolen sind gegen Winddruck relativ stabil. Stark berankt besitzen sie jedoch ein hohes Gewicht. Sorgen Sie also für eine sichere Verankerung der Pfosten.

Betonpfosten oder Natursteinstützen werden direkt in ein Betonfundament (30 x 30 x 80 cm) eingebaut. Rechnen Sie bei der Länge der Stützen die Einbautiefe mit ein. Holzpfosten werden nicht in die Erde eingelassen, sondern auf Pfostenschuhe aus feuerverzinktem Flacheisen gesetzt.

Zwischen Pfosten und Erd- oder Plattenanschluß soll ein Abstand von 5 cm verbleiben; diese müssen Sie von der Pfostenlänge abrechnen. Stützpfosten, die aus Lattenkonstruktionen bestehen, befestigt man an einem Kantholz und setzt sie dann auf Pfostenschuhe.
Den Pfosten können Sie durch Schloßschrauben mit dem Schuh verbinden.

Zäune aus Holz

Holzzäune lassen sich mit Hilfe im Handel erhältlicher Holzprofile preiswert und gut im Selbstbau herstellen.

1 Stimmen Sie Ihren Zaun in der Größe auf das Grundstück ab. Es sollte schließlich nicht so sein, daß die Umzäunung um so monumentaler ausfällt, je kleiner das Stück Land ist, das Sie besitzen. Meist genügen einfache, leichte Konstruktionen. Es ist weit weniger Material nötig als gemeinhin verbaut wird.

Ein Beispiel: Häßliche Betonzwickel, insbesondere zwischen schmalen Reihenhausgrundstücken, können durch einen Holzzaun kaschiert werden. Die Mauer kann gänzlich verschwinden und der Zaun dennoch transparent sein, wenn man im unteren Teilstück des Zaunes eine zusätzliche Latte im sonst breiteren Zwischenraum einsetzt.

2 Sichtschutz ist keine Frage des Geldes. Auch aus preiswerten Dachlatten lassen sich dichte Zäune bilden. Dabei werden die Latten mit der langen Seite an Querriegel geschlagen. Die Fuge wird auf der anderen Seite durch eine Latte verdeckt. Das ergibt eine dichte Konstruktion, die doch Licht durchläßt.

Nutzen Sie hölzerne Sichtschutzwände als Hintergrund für eine schöne Bepflanzung oder lassen Sie Einblicke wo möglich zu. Halten Sie nach Zaunformen Ausschau, die zwei gleich gute Seiten haben, wenn Sie Ihr Grundstück zu einem Nachbarn hin abgrenzen wollen.

3 Holzzäune erscheinen inmitten von Vegetation nicht als Fremdkörper. Ein unbehandelter Holzzaun kann 20 und mehr Jahre überdauern, bevor Sie ihn gänzlich erneuern müssen, wenn alle technischen Voraussetzungen erfüllt sind.

Das heißt, alle waagerechten und senkrechten Flächen müssen nach einem Regenguß rasch abtrocknen können. An den Verbindungen darf kein Stauwasser stehenbleiben, und Einzelteile müssen sich ausdehnen und wieder zusammenziehen können, ohne sich gegenseitig zu zerstören.

Unter Umständen müssen Sie mit der Zeit lose Latten ersetzen oder schon mal einen Pfosten auswechseln.

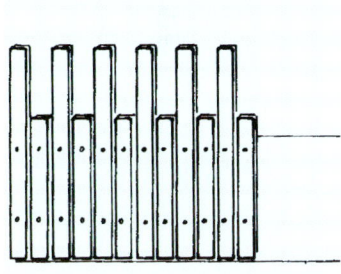

1

2

3

Randeinfassungen für Grundstücke und Terrassen

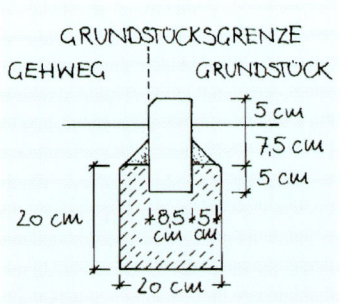

1

2

3

1 Ein **Tiefbordstein** mit der Größe L x B x H 100 x 8,5 x 17,5 cm ist der gängigste Randleistenstein. Höhere Steine (25 cm, 30 cm) bzw. L-förmige Steine (bis 80 cm Höhe) benötigen Sie, wenn zwischen Ihrem Grundstück und dem Gehweg ein größerer Niveauunterschied besteht.

Randleistensteine sind einseitig mit der Fase versehen, die in Richtung Straße oder Gehweg gerichtet sein muß. Sie werden auf ein Betonfundament von rund 20 cm Tiefe und 20 cm Breite gesetzt. Hat Ihr Grundstück das gleiche Niveau wie der Gehweg, so soll der Stein etwa 5 cm darüber hinausragen. Bei einer angenommenen Steinhöhe von 17,5 cm müssen Sie also einen etwa 30 cm tiefen Graben ausheben.

Die Außenkante des Steins entspricht der Grundstücksgrenze, d.h. der Randleistenstein befindet sich mit seiner vollen Breite auf Ihrem Grundstück.

Heben Sie in der Breite nicht mehr als maximal 1 Schaufelbreite aus (rund 25 cm), da sonst unnötig viel Beton verbraucht wird.

2 Messen Sie von der Grenzlinie Grundstück–Gehweg 9 cm in Ihr Grundstück hinein und spannen Sie dort eine Maurer- oder Dekorationsschnur auf fertiger Höhe des späteren Randleistensteins. Entlang der scharfkantigen Innenseite läßt sich die Parallelität zwischen Schnur und Stein leichter erkennen.

Achten Sie darauf, daß die Schnur alle 8 bis 10 m fixiert wird, da sonst »Seiher« entstehen.

3 Füllen Sie den Graben mit Magerbeton auf etwa 3 m Länge. Der Beton sollte im Verhältnis 1:5 gemischt sein, d.h. auf 5 Schaufeln Betonkies kommt 1 Schaufel Zement. Verteilen Sie mit einer Kelle den Beton gleichmäßig im Graben, so daß sich die Oberkante ungefähr 14 bis 15 cm unter der Schnur befindet.

Setzten Sie den Stein nun so auf das Betonbett, daß die scharfkantige Seite und die Schnur nebeneinander liegen. Zwischen Schnur und Stein sollen ungefähr 5 mm Abstand bleiben. Klopfen Sie mit einem Gummihammer links, mittig, rechts auf den Randleistenstein, so lange, bis Oberkante, Stein und Schnur eine

Ebene bilden. Achten Sie immer auf den Abstand von 5 mm zwischen Schnur und Stein.

4 Nachdem Sie den zweiten Stein gesetzt haben, kann der erste Stein mit einer links- und rechtsseitigen Keilung versehen werden. Der Keil sollte etwa 5 cm über Unterkante Stein beginnen und mit einer Ausladung von rund 5 cm auf dem Betonbett aufliegen. Verwenden Sie für weitere 2 m den Graben mit Magerbeton als Fundamentbett. Wenn der dritte und vierte Stein gesetzt sind, versehen Sie den zweiten und dritten Stein mit einem Betonkeil.

5 Terrassen sollen als Plätze hervorgehoben werden, indem sie eine erkennbare Randeinfassung erhalten. Der Belag hebt sich besonders von der Einfassung ab, wenn Sie verschiedene Materialien verwenden. So können beispielsweise mit Granit-Kleinsteinen (Zwei- oder Dreizeiler) die Ränder von Terrassen aus Klinker- oder Betonplatten befestigt werden.

Die Klinkerrollierung ist ein anderes Beispiel für eine Randeinfassung: Rechteckklinker werden auf ihrer breiten Seite hochkant gestellt und in Mörtel verlegt. Bruchplatten- oder Natursteinplattenbeläge erhalten meist nur einen Mörtelkeil.

Erstellen Sie immer zuerst die Randeinfassung, erst dann arbeiten Sie an dem Belag. Spannen Sie sich eine Schnur auf fertiger Höhe an der Innenkante der Randeinfassung zum Belag. Heben Sie den Graben für die Randeinfassung so tief aus, daß nach dem Verdichten Material und etwa 10 cm Mörtel unter Schnur Platz haben. Mischen Sie sich Mörtel aus Natursand 0/4 oder Frostschutzkies 0/16 und Zement im Verhältnis 4:1.

6 Bei Klinkerbänderungen verwenden Sie Traßzement. Geben Sie sparsam Wasser zu, der Mörtel darf nur erdfeucht sein. Verteilen Sie ihn in der ausgehobenen Rinne und setzen Sie die Abschlußsteine so, daß sie etwa 2 cm über Schnur liegen. Klopfen Sie sie auf fertige Höhe in das Mörtelbett. Klinker und Natursteine setzen Sie mit Fuge (0,5 –1,5 cm), Beeteinfassungen und Kantensteine aus Beton knirsch. Ausgefugt wird mit Sand.

4

5

6

Abstecken

Profitip
Die Terrassenfläche wird in ihren Abmessungen genau abgestimmt auf das Stein- oder Plattenformat bzw. umgekehrt. So vermeiden Sie zeitaufwendige Schneidarbeiten und Materialverschnitt.

1 Ihre Terrasse muß zur Ableitung des Oberflächenwassers ein Gefälle erhalten. Das Regenwasser soll vom Haus weg in Rasen- und Pflanzflächen abfließen können.
Je nach Beschaffenheit des Bodenbelags stecken Sie ein Gefälle von 1 bis 3 Prozent aus. Ein rauher Terrassenbelag braucht ein stärkeres Gefälle.

Messen Sie mit Hilfe von Meterstab und Maßband die Terrassenfläche auf dem Grundstück ein. Knapp außerhalb der Belagsränder schlagen Sie mit dem Fäustel die Schnureisen senkrecht in die Erde. Unter Umständen genügen vier Eisen, an jedem Eckpunkt der Terrasse eines.
Bei größeren Flächen, mehreckigen oder geschwungenen Formen benötigen Sie mehr Eisen. Die gespannte Schnur darf an keiner Stelle durchhängen.

2 Bei rechteckigen Flächen überprüfen Sie die Diagonalmaße, um sicherzugehen, genau im rechten Winkel abgesteckt zu haben. Runde Flächen lassen sich mit Hilfe eines im Kreismittelpunkt geschlagenen Eisens und einer daran befestigten Schnur vorzeichnen.

3 Markieren Sie nun an den Eisen mit Ölkreide die spätere Belagsoberkante.
Gehen Sie dabei vom höchsten Punkt aus (0-cm-Höhe). Im allgemeinen setzt der Belag an der Hauswand an, und zwar 1 bis 2 cm unter der Türschwelle (der Kellertreppe, dem Lichtschacht usw.), da an diesen Stellen kein Wasser eintreten darf.
Genau auf dieser 0-cm-Höhe spannen Sie sich eine Hilfsschnur quer über den Platz, um von ihr aus alle Eisen mit der Richtlatte und aufgelegter Wasserwaage erreichen zu können. Übertragen Sie die 0-cm-Höhe auf alle Eisen. Dann rechnen Sie für jedes Eisen das Gefälle ab, indem Sie pro Meter Entfernung von der Hauswand 1 bis 3 cm abziehen. Markieren Sie diese Minus-Höhe und verbinden Sie sie mit Schnüren.

Aushub und Unterbau

1 Zwischen den Schnüren müssen Sie nun Erdreich ausheben oder auffüllen.

Rechnen Sie aus, wie tief der gewachsene Mutterboden unter der Schnur liegen muß. Nehmen Sie Stein- oder Plattenstärke und rechnen Sie 3 bis 8 cm dazu für das Verlegebett aus Natursand 0/4 oder Splitt 2/5 bzw. 5/8 und 10 bis 20 cm für den Unterbau aus Frostschutzkies.

Wenn bauseits zuviel ausgehoben wurde und Sie Erdreich auffüllen müssen, um auf das errechnete Grundplanum zu kommen, sollten Sie nicht nur den verhältnismäßig teuren Frostschutzkies einbauen. Lassen Sie sich Rotlage liefern, ein nur zum Verfüllen geeignetes Unterbaumaterial ohne Nährstoffe. Besser ist lehmiger Kies bzw. stark mit Kies durchsetzte Erde.

Verdichten Sie das Füllmaterial in möglichst trockenem Zustand in Schichten von 30 bis 40 cm mit dem Rüttelstampfer oder der Rüttelplatte. Erst darauf kommt der Frostschutzkies.

2 Hinsichtlich Gefälle und Oberflächengestaltung soll die vorbereitete Fläche der Schnurabsteckung entsprechen. Messen Sie mit dem Meterstab immer wieder den richtigen Abstand von den Schnüren herunter.
Das Steinmaterial an den Terrassenrändern soll satt auf dem Verlegebett aufliegen können. Heben Sie also an den Belagskanten etwa 10 cm breiter aus. Auch hier muß mit Unterbaumaterial verfüllt werden. Denken Sie daran, wenn Sie die zu bestellende Menge an Schüttgütern für den Unterbau berechnen.

3 Leihen Sie sich einen Minibagger oder Kleinlader mit Bedienungspersonal aus, wenn Sie Erdbewegungen in größerem Umfang vorhaben. Aushubgeräte sollten nicht eingesetzt werden, solange der Boden naß ist, um eine zu starke Verdichtung zu vermeiden.

Planieren Sie das Erdreich mit der Schaufel gefällegerecht und verdichten Sie es mit dem Handstampfer oder der Rüttelplatte. Wenn Sie Schicht für Schicht den Unterbau vorbereiten, denken Sie daran, daß sich Erdreich und Kies durch das Verdichten um bis zu 10 cm setzen können.

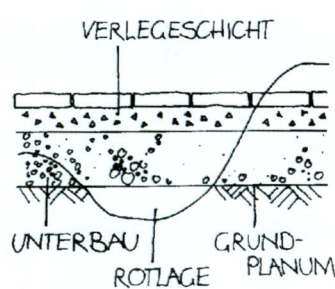

1

2

3

4

5

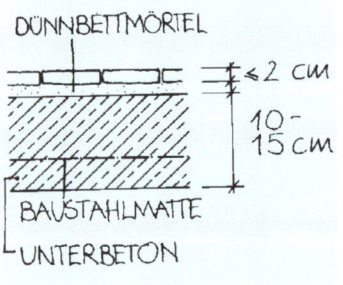

DÜNNBETTMÖRTEL

≤ 2 cm

10 - 15 cm

BAUSTAHLMATTE

UNTERBETON

6

Ökotip

Kleinere Mengen Erdaushub lassen sich bequem im Garten unterbringen (als bepflanzter Wall etwa). Andernfalls müssen Sie einen Container bestellen, der von der Leihfirma wieder abgeholt wird.

4 Tragen Sie nun auf das verdichtete Grundplanum Unterbaumaterial in möglichst großer Kornabstufung auf.

Frostschutzkies ist nach DIN-Vorschrift frostfest, da er von schluffigen, tonigen Schlämmteilen freigewaschen ist. Dadurch saugt er kein Wasser mehr und hebt oder senkt sich unter Frosteinwirkung nicht.

Gut geeignet als Unterbaumaterial ist auch der kostengünstigere Wand- oder Grubenkies. Er ist besonders scherfest, da von 0 bis X alle Korngrößen enthalten sind. Laut DIN-Norm ist er jedoch nicht frostfest, wie auch Schotter, den Sie für den Unterbau gleichfalls verwenden können.

5 Kleine Flächen verdichten Sie mit dem Handstampfer. Für größere Flächen entleihen Sie sich eine Rüttelplatte.

Planieren Sie die Kiesschicht mit dem Rechen oder der Schaufel gefällegerecht. Dann rütteln Sie drei bis viermal ab, um zu verdichten.

Kontrollieren Sie anhand der aufgelegten Richtlatte und Wasserwaage, ob der Unterbau eben ist und das Gefälle stimmt. Tragen Sie zuletzt Sand oder Feinsplitt in einer Stärke von 3 bis 8 cm locker auf. Dieses Verlegebett wird nicht mehr abgerüttelt. Die Auftragsmenge berechnet sich also Fläche mal Stärke des Sandbetts.

6 Ein Unterbau aus Beton ist nur notwendig, wenn Sie einen Belag aus Fliesen oder dünnen Natursteinplatten (bis etwa 2 cm) herstellen wollen.

Sie können erdfeuchten Boden auffüllen, planieren und mit dem Stampfer oder der Rüttelplatte verdichten oder den Beton fließend naß bei seitlicher Brettereinfassung einbauen und mit der Richtlatte oder Glättekelle glattstreichen. Der Unterboden ist 10 bis 15 cm stark. Wenn Sie etwa 5 cm Beton aufgefüllt haben, legen Sie eine Baustahlmatte ein und tragen dann erst den Restbeton auf. Das Belagsmaterial wird auf Dünnbettmörtel aufgeklebt.

Formsteine verlegen

Natursteine haben eine schöne individuelle Oberfläche, während Formsteine aufgrund der industriellen Fertigung in Format und Steinstärke jeweils vollkommen gleich sind. Sie brauchen nur noch auf ein plan abgezogenes Splitt- oder Sandbett aufgelegt werden.

Formsteine müssen mit einem Steintrenngerät zugeschnitten werden, wenn die Terrassenfläche nicht genau auf das Steinformat hin ausgemessen wurde.

1 Für das Abziehen der Verlegeschicht benötigen Sie mindestens zwei gerade Metallrohre. Das Verlegebett wird sich durch das Abrütteln des fertigen Belages verdichten und setzen: 1 cm etwa der Sand und 0,5 cm der Splitt. Messen Sie also von den Schnüren Steinstärke minus 0,5 bis 1 cm herunter und richten Sie auf diese Höhe die Wasserrohre ein. Damit sie nicht mehr verrutschen können, werden die Rohre in den Splitt bzw. Sand gebettet. Prüfen Sie mit der Wasserwaage, ob die Metallrohre auch das ausgesteckte Gefälle aufweisen.

2 Nehmen Sie nun Ihre Richtlatte bzw. ein genügend langes, gera-

des Brett zur Hand und legen Sie es rechts und links auf die Wasserrohre auf. Ziehen Sie die Richtlatte vorsichtig zu sich her und achten Sie genau darauf, daß sich vor dem Brett in ganzer Länge ein kleiner Splittwall herschiebt. Nur so vermeiden Sie Mulden im Splittbett.

3 Wenn die Fläche abgezogen ist, können Sie das linke Rohr aufnehmen und nach rechts versetzt wieder einbauen. Auf diese Weise läßt sich eine beliebig große Fläche abziehen. Die verbleibenden Rinnen schließen Sie mit Splitt und glätten mit der Maurerkelle nach.

4 Außer an den Belagsrändern können nun alle Schnüre weggenommen werden, wenn Sie sicher sind, die Fläche an einem Stück legen zu können. Bei größeren Flächen erfolgt Abziehen und Verlegen abschnittweise. Spannen Sie die Schnüre in diesem Fall überhöht (1 bis 1,5 cm über fertiger Belagshöhe) und bleiben Sie mit den Steinen knapp darunter.

Nur so haben Sie die Sicherheit, daß kein Stein die Schnur berührt und die Schnurabsteckung ver-

1

2

3

4

5

6

fälscht. Formsteine werden »vorwärts« verlegt. Um das abgezogene Verlegebett nicht zu zerstören, bewegt man sich auf der bereits verlegten Fläche zur Abschlußkante hin.

Legen Sie die Steine bahnenweise fest aneinander. Um krumme Fugen beizeiten ausgleichen zu können, legen Sie an jede dritte Reihe die Richtlatte an.

5 Achten Sie auf einen geraden, gleichmäßigen Fugenverlauf. Sie können auch knirsch, d.h. ohne Fuge verlegen. Sanden Sie jeden gelegten Teilabschnitt sofort ein,

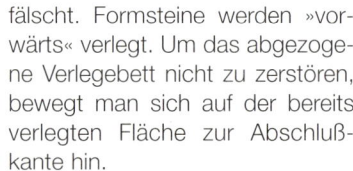

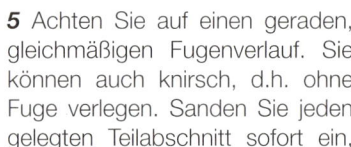

damit Sie ihn begehen können. Bis zum nächsten Nachsanden legen Sie sich ein breites Brett auf die Steine, damit sie nicht verrutschen.

6 Die Belagsränder befestigen Sie mit einem Mörtelkeil (Zement/Sand im Verhältnis 1:5, erdfeucht bis naß). Schaufeln Sie den Mörtel etwa 10 cm breit an die Belagsränder und drücken Sie ihn mit der Kelle keilförmig an die Steine. Bleiben Sie dabei 2 bis 3 cm unter der Belagsoberkante. Wenn der Keil stabil ist, können Sie den Belag abrütteln.

Schüttgüter-Preise		
Bezeichnung	**Korngröße**	**ca. €/g**
Frostschutzkies	0/X	5,–
Splitt	2/5	10,–
	5/8	10,–
Natursand	0/4	10,–
Rundkornkies	8/16	8,–
	32/X	9,–

Pflastern

Stimmen Sie das Steinformat ab auf die Größe des zu pflasternden Bereichs. Je kleiner der Platz, je schmaler ein Weg, desto kleiner sollte das Pflastersteinformat sein.

Profitip
Sie liegen im allgemeinen richtig mit dem Format 5/7 oder 7/9. Großsteinpflaster wirkt in vielen Fällen zu rustikal.

Natursteine werden einzeln in das Splittbett eingebaut. Sie setzen die Steine ca. 1 cm über die Schnur; erst durch das Abrütteln wird der Belag auf die fertige Höhe gebracht.
Spannen Sie die Schnüre also überhöht und geben Sie noch einen Spielraum von einem 1/2 cm dazu. Ein einziger Stein, der die Schnur berührt, kann das Gefälle verfälschen.

1 Gepflastert wird »rückwärts«. Mit dem Rücken zur Abschlußkante wird von der bereits gepflasterten Fläche weggearbeitet.
Das Steinmaterial liegt auf der zurechtplanierten Verlegeschicht neben und hinter Ihnen. Für jeden einzelnen Stein schieben Sie sich mit dem Pflastererhammer das

Splittbett in passender Höhe zurecht. Mit der einen Hand setzen Sie den Stein, mit der anderen führen Sie den Hammer.
Klopfen Sie den Stein ein- bis zweimal an. Je gleichmäßiger Sie jeden Stein anklopfen, desto stabiler und ebener wird der Belag nach dem Abrütteln.
Die Fugen sollen sich möglichst eng schließen (max. 1 cm bei Kleinsteinpflaster).

2 Wenn Sie in Reihen pflastern, geben Sie am besten mit drei unterschiedlich großen Steinen drei Reihen vor, damit Sie schneller vorankommen und ein ruhiges Fugenbild entsteht. Jetzt paßt jeder Stein, den Sie in die Hand nehmen. Der kleine Stein in die schmale, der große Stein in die breite Reihe. Vermeiden Sie Kreuzfugen, indem Sie abwechselnd eine Reihe mit einem breiten und die nächste Reihe mit einem schmalen Stein beginnen.

3 Die Rüttelplatte gleicht beim Verdichten geringfügige Abweichungen von der richtigen Höhe aus.
Höherstehende Steine werden heruntergeklopft, indem Sie ein Kantholz auflegen. Wenn Sie stär-

ker von der Höhe abgekommen sind, müssen Sie ein Stück Belag wieder aufnehmen. Die Wasserwaage oder Richtlatte sollten Sie also immer zur Hand haben.

4 Pflastern Sie in geraden Reihen. Spannen Sie sich dazu Hilfsschnüre etwa alle 0,5 m parallel zur Anfangskante.
Legen Sie an jede 3. bis 4. Reihe die Richtlatte hochkant an und messen Sie mit dem Meterstab zur nächsten Hilfsschnur. Rücken Sie die Steine etwas, wenn die Reihen krumm werden.
Es gibt zwei Möglichkeiten, eine Terrasse mit nicht ganz paralleler Anfangs- und Endkante zu gestalten. Sie können ab etwa dem ersten Drittel anfangen, die Reihen leicht auf die andere Richtung hin zu verziehen. Auf diese Weise lassen sich auf 5 m bis zu 20 bis 30 cm angleichen, ohne daß es Ihnen später auffällt.
Eine andere Möglichkeit ist das Auspflastern der Restfläche mit andersfarbigen, kleineren Pflasterwürfeln.

5 Kehren Sie die Fugen mit Brech- oder Natursand ein.
Brechsand härtet nach dem nassen Einschlämmen aus, Natur-

sand läßt die Fugen eingrünen. Es ist für die Stabilität nicht erforderlich, in Mörtel zu pflastern oder die Fugen mit Mörtel zu schließen. Abgesehen von dem viel höheren Arbeitsaufwand verliert eine Pflasterfläche wesentlich an Reiz, wenn die Fugen starr geschlossen sind.
Rütteln Sie den Belag bahnenweise über Kreuz ab; bei Pflastersteinen arbeiten Sie ohne Gummimatte. Schwer zugängliche Stellen klopfen Sie mit dem Fäustel nach.

6 Natursteinpflaster hat eine unebene Oberfläche. Dennoch ist es als Terrassenbelag einsetzbar, wenn Sie ein möglichst kleines Steinformat verwenden, das Sie sehr engfugig verlegen können.
Natursteinpflaster gibt es sortiert nach Form, Größe und Farbe. Dadurch sind viele Verlegungsarten möglich. Mosaik- und Kleinsteinpflaster bieten sich an für bogen- und kreisförmige Verlegemuster.
Sehr schön und lebendig wirkt ebenfalls ein Kieselpflasterornament in der Terrassenfläche. Ein einfaches geometrisches Muster, farblich abgesetzt von der übrigen Fläche, erzielt dabei große Wirkung.

4

5

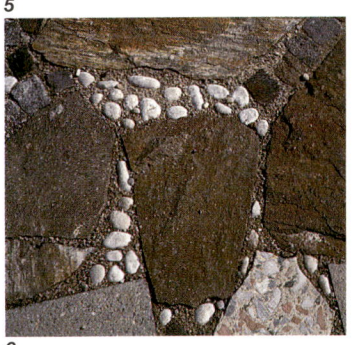

6

Platten verlegen

1 Betonplatten und gesägte Natursteinplatten verlegen Sie wie Formsteine.

Ziehen Sie das Splittbett plan ab und klopfen Sie die Platten mit dem Gummihammer auf fertige Belagshöhe. Bei kleineren Flächen sparen Sie sich so das Abrütteln. Wenn Sie den Belag später mit einem Rollrüttler oder einer mit Gummimatte ausgerüsteten Rüttelplatte verdichten, brauchen Sie die Platte jetzt nur leicht anzuklopfen.

Platten mit geraden Kanten werden mit schmaler Fuge verlegt (etwa 3 bis 5 mm). Wenn Sie in Reihen verlegen, spannen Sie sich für jede Plattenreihe eine Hilfsschnur für die nächste Fuge. Nach jeder Reihe spannen Sie die Schnur für die nächste. Mit Richtlatte und Wasserwaage

prüfen Sie das Gefälle. Wenn die Fugen naß mit feinkörnigem Sand eingekehrt sind, ist der Belag ausreichend stabil.

Klopfen Sie dort die Platten etwas nach, wo der Belag nicht ganz im Wasser ist.

2 Bruchrauhe Natursteinplatten mit unebener Oberfläche verlegen Sie wie Natursteinpflaster im jeweils eigenen Splittbett.

Bringen Sie sie mit dem Gummihammer gleich auf fertige Belagshöhe. Die Fugen sollten nicht breiter als 1 bis 1,5 cm sein und naß mit Sand eingefegt werden.

3 Das Verlegen scherbenartig gebrochener Polygonalplatten ist nicht ganz einfach. Die Platten sollen so wenig wie möglich zugeschlagen und gleichzeitig so eng wie möglich aneinander gelegt werden.

Legen Sie sich die Platten grob zurecht, so daß sie in etwa von den Fugen her zusammenpassen. Es sollen keine Kreuzfugen, keine spitzen Winkel und keine langen, durchgehenden Fugen entstehen.

Jetzt sehen Sie genau, wo Sie die Platte auf die danebenliegende zuschlagen müssen. Schwächen

Sie die Platte mit einem Setzeisen von der Seite her, indem Sie Schicht für Schicht nach unten wegschlagen.

Nun läßt sich der Plattenrand von oben leicht auf die gewünschte Form zuschlagen.

Arbeiten Sie dabei von den Seiten weg. Sie können die Platte auch von unten zu 1/3 bis 2/3 mit der Flex einschneiden und sie dann von oben zuschlagen. Die sichtbare Kante erscheint auf diese Weise gebrochen und nicht geschnitten.

4 Legen Sie die Platten engfugig aneinander und klopfen Sie sie auf Belagshöhe. Die Platten können sich stellenweise berühren, da noch einmal korrigierend mit einem scharfen Meißel oder einem schwächeren Setzeisen nachgearbeitet wird, bis eine annähernd einheitliche Fugenbreite entsteht.

5 Die Fugen dürfen bei Polygonalplatten etwas breiter ausfallen (1 bis 2,5 cm).

Schönes, natürliches Aussehen erhält Ihr Bruchplattenbelag, wenn Sie die Fugen mit Humus einkehren und bepflanzen. Gegensätzliche Wirkung erzielen Sie, wenn Sie die Fugen mit Mörtel schließen. Beim ersten Frost würde er überdies brüchig werden und reißen.

6 Rechteckige oder quadratische Terrassenplatten lassen sich in verschiedenen Verlegemustern anordnen. Auf der nächsten Seite finden Sie einige Anregungen skizziert.

Links oben: einfache, graue Betonplatten (40 x 60 cm) werden durch Streifen flach verlegter Klinker aufgewertet.

Rechts oben: der Plattenbelag erscheint in einem Raster aus Natursteinpflaster.

Links Mitte: der sogenannte »römische Verband« ergibt sich aus der Kombination verschiedener Formate des gleichen Plattenmaterials.

Rechts Mitte: Granitwürfel unterbrechen den Belag aus anthrazit eingefärbten Betonplatten (40 x 40 cm).

Links unten: Rasterung eines Plattenbelags durch Bänderung aus flach verlegten Klinkern.

Rechts unten: Felder aus flach verlegten Klinkern im Blockverband. Die Rasterung setzt sich zusammen aus Rechteck- und Quadratplatten (40 x 20, 20 x 20 cm).

4

5

6

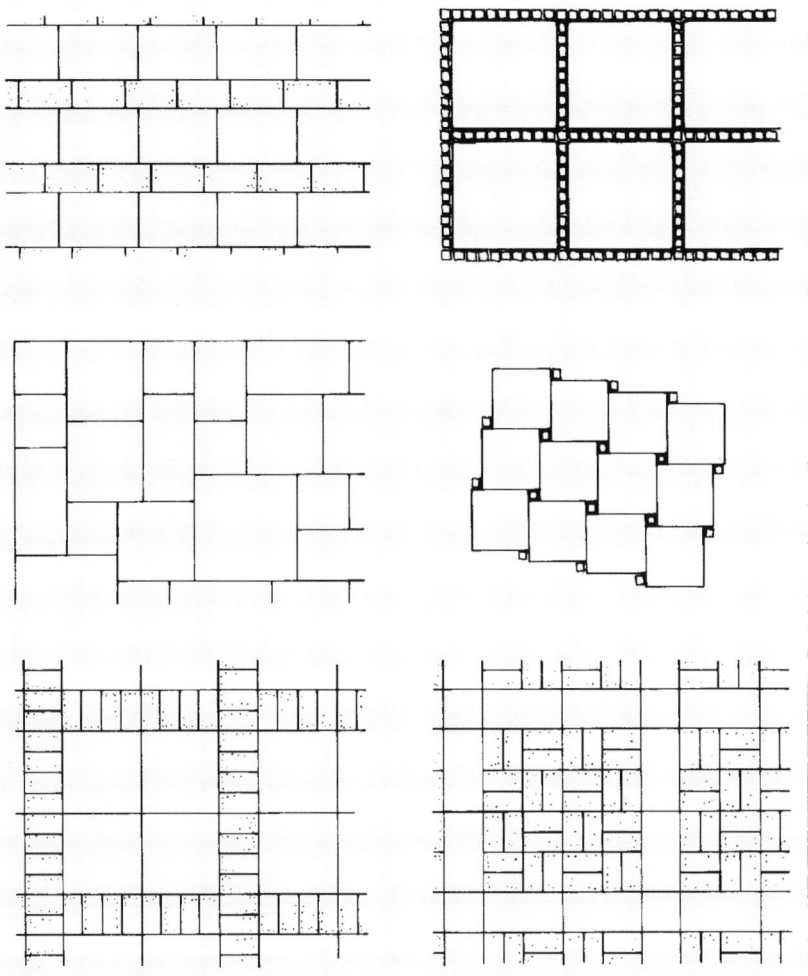

Darauf können Sie bauen!

COMPACT PRAXIS »do it yourself«

Jeder Band mit über 200 Abbildungen und instruktiven Bildfolgen – alles in Farbe.

Übersichtliche Symbole für Schwierigkeitsgrad, Kraftbedarf, Zeitaufwand u.v.m. – alles auf einen Blick.

Anwenderfreundliche Komplettanleitungen für alle wichtigen Heimwerkerarbeiten – keine schmalen Einzelthemen.

Mit besonders hervorgehobenen Sicherheits-, Profi- und Ökotipps.

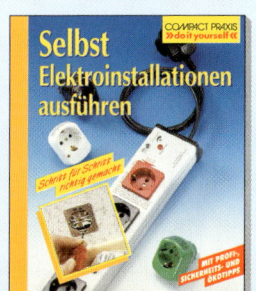

Selbst Elektroinstallationen ausführen

Selbst Sauna und Fitnessraum bauen

Selbst Höfe und Wege pflastern

Selbst Wände dekorativ gestalten

Selbst Regenwasser-Nutzsysteme anlegen

Selbst Öfen und Kamine bauen

Über 60 Titel lieferbar. Bitte DIY-Spezial-Prospekt anfordern!

Selbst Sanitäranlagen planen und installieren

Selbst Gartenteiche anlegen und pflegen

Selbst Energie sparende Heizungen einbauen

Selbst Solaranlagen installieren

Selbst Wohnräume unterm Dach ausbauen

Selbst Parkett, Holz- und Laminatböden verlegen

jeder Band € **10,25**

Preisänderung vorbehalten

Compact Verlag GmbH
Züricher Straße 29
81476 München
Telefon: 0 89/74 51 61-0
Telefax: 0 89/75 60 95
Internet: www.compactverlag.de

Pergola mit Wandmontage

Material

2 Betonanker, 2 Pfosten 210/9/9 cm, 2 Pfetten 12 x 14, max. Länge ca. 350 cm, Sparren 8 x 12 cm.

Werkzeug

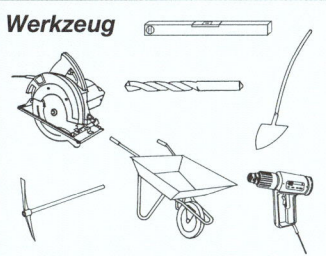

Schwierigkeitsgrad

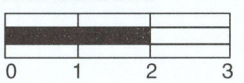

0   1   2   3

Kraftaufwand

0   1   2   3

Arbeitszeit

Für den Bau dieser Pergola müssen Sie etwa 12 Stunden einplanen.

Ersparnis

Pro qm Pergola rund 45 €.

An vielen Standorten läßt sich eine Pergola aufstellen: über einem Sitzplatz mitten im Garten, entlang des Gehwegs als Arkadengang im Vorgarten, auch zum Unterstellen des Autos – und nicht zuletzt über Ihrer Terrasse. Grundsätzlich müssen Sie sich vorher das Einverständnis der zuständigen Gemeinde, der Lokalbaukommission und auch das Ihrer Nachbarn einholen.

1 Bei einer Pergola mit Wandbefestigung prüfen Sie zuerst die Beschaffenheit Ihrer Hauswand, um bei der späteren Montage vor Überraschungen sicher zu sein. Teilen Sie Ihrem Fachhändler mit, ob es sich um Hochlochziegel, Klinker, Gasbeton, Isolierputz mit Styroporunterlage oder Rollokästen hinter Putz handelt.

Fertigen Sie von dem Holzkauf eine Skizze Ihrer Pergola an, in die Sie sowohl Breite und Länge als auch Höhe einzeichnen.

Achten Sie beim Kauf des Pergolaholzes darauf, daß es sich beispielsweise um kerngetrenntes Kiefernholz, gehobelt und gemäß RAL-Gütesiegel RG 411 imprägniert, handelt.

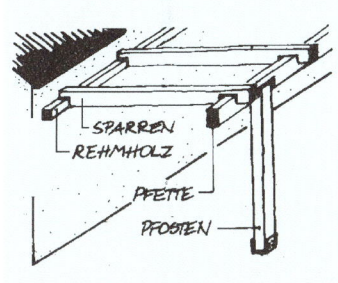

SPARREN
REHMHOLZ
PFETTE
PFOSTEN

1

2

3

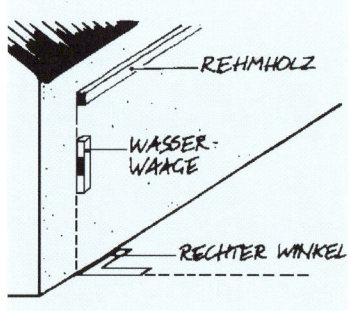

4

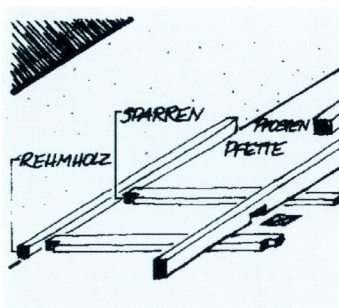

5

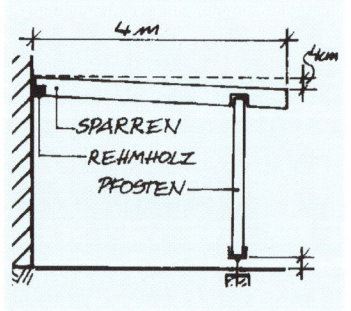

6

Hobeln Sie das Holz nicht selbst. Es sei denn, Sie verfügen über eine Dicken- bzw. Balkenhobelmaschine.

Sie sparen sich viel Arbeit und nicht zuletzt das dreimalige Imprägnieren des Holzes.

Profitip
Kalkulieren Sie mit einem Verschnittzuschlag bei der Materialbedarfsberechnung. Dieser kann durch überlegte Werkstoffausnutzung auf weit unter die üblichen 10 Prozent reduziert werden.

2 Längen Sie zunächst die Querhölzer, genannt Pfetten, auf das gewünschte Maß ab, und versehen Sie die beiden Balkenenden jeweils mit einem Schnitt Ihrer Wahl.
Dabei kann es sich um einen Rundschnitt, Schrägschnitt oder um einen winkelrechten Schnitt handeln.

3 Befestigen Sie die erste Pfette (an der Wand Rehmholz genannt) in gewünschter Höhe an der Wand.
Bohren Sie dazu in die Breitseite der Pfetten die Ihnen vorgeschlagene Anzahl von Bohrlöchern.

Zwei Helfer halten das Rehmholz, während Sie mit einem Stahlstift durch die Löcher des Rehmholzes hindurch die späteren Bohrstellen an der Hauswand markieren.
Bohren Sie mit der nötigen Bohrergröße die Löcher, stecken Sie die passenden Dübel hinein und befestigen Sie das Rehmholz in absolut waagerechter Position.

4 Anschließend übertragen Sie die beiden Enden des Rehmholzes mit Hilfe einer Wasserwaage senkrecht auf den Boden.
Im rechten Winkel dazu müssen Sie die Pfosten ausrichten.

5 Manchem ist es eine große Hilfe, die Sparren am Boden auszulegen. Legen Sie die Pfette exakt parallel zum Rehmholz auf den Boden und ermitteln Sie den späteren Pfostenstandort neben der Pfette.

6–7 Graben Sie die Fundamentlöcher und betonieren Sie die Balkenschuhe ein. Während der Beton des Fundaments aushärtet, haben Sie Zeit, die restliche Pergola abzubinden.
Zunächst wird die Pfostenlänge festgelegt. Sie richtet sich nach

der Sparrenlänge und dem dafür nötigen Gefälle vom Haus weg. Es ist sinnvoll, je Meter Sparrenlänge 1 cm Gefälle herzustellen, d.h. bei einer Sparrenlänge von 4 m muß der äußere Pfosten 4 cm kürzer sein als der Pfosten an der Hauswand. Messen Sie dann vom Boden bis zum waagerechten Eisen des Betonankers. Auch dieses Maß wird von der Pfostenlänge abgerechnet.

Nachdem Sie die Pfosten zugeschnitten haben, legen Sie die Sparrenlänge fest. Längen Sie die Sparren einzeln auf dieses Maß ab.

Die abgelängten Sparren werden nun nebeneinander auf Schragen oder Werkböcke gelegt, wobei die Schmalseiten der Sparren aufliegen und die Schnittstellen bündig sein müssen.

Weist ein Balken eine Biegung auf, so muß diese Richtung Boden zeigen. Mit einer Schraubzwinge zwingen Sie alle Sparren zusammen.

8–9 Jetzt wird an den Sparren die Verplattung für das Rehmholz hergestellt.

Die Verplattung sollte 1/3 der Sparrenhöhe betragen, d.h. bei einer Sparrenhöhe von 12 cm: 4

cm Verplattung, 8 cm Holzstärke bleiben. Der Einschnitt für die Verplattung ist um 2 cm kürzer als das Rehmholz stark ist, damit das Hirnholz nicht direkt an der Wand anliegt und sich dort keine Feuchtigkeit sammelt. Markieren Sie also die Verplattung über alle Sparren und schneiden Sie mit der Handkreissäge entsprechend der eingestellten Schnittiefe quer zu den Balken. Mit einem Stemmeisen nehmen Sie das Holz aus.

7

Achten Sie darauf, nicht alles auf einmal abzunehmen, da schräg verlaufende Holzfasern weiter reißen könnten, als Sie geschnitten haben.

8

10 Um die Verplattung für die freiliegende Pfette herzustellen, messen Sie die lichte Weite zwischen den beiden Pfetten aus. Markieren Sie das Maß an den Sparren (ausgehend von der ersten Verplattung) und schneiden Sie dort ein.

Messen Sie die Stärke der freiliegenden Pfette ab und versehen Sie die Sparren mit einem zweiten Schnitt. Das Holz zwischen den beiden Schnitten nehmen Sie mit dem Stemmeisen aus. Die Sparren sollen etwa 30 cm

9

10

11

12

über die Pfette hinausstehen. Ein schräges Einschneiden für die Verplattung wegen des Sparrengefälles ist nicht notwendig.

Wenn der Fundamentbeton ausgehärtet ist, stellen Sie die Pfosten in die Betonanker und arretieren sie mit den dafür vorgesehenen Schrauben.

11 Die freiliegende Pfette wird auf die Pfosten gelegt. Kontrollieren Sie, ob die Pfosten unterhalb der Pfette und oberhalb des Erdbodens auch den gleichen Abstand haben.

Befestigen Sie mit Winkelverbindern der Größe 60 x 60 x 60 mm und 2 mm Wandstärke die Pfette an den Pfosten.

Pfostenträger, Betonanker, Mauerbefestigungen und Winkeleisen kauft man am besten in feuerverzinkter Ausführung. Diese Verzinkungsart ist nach wie vor der beste Schutz vor Rostfraß.

Die helle Legierung ist jedoch nicht jedermanns Sache. Grundsätzlich kann man feuerverzinktes Material überstreichen. Frisch verzinktes Metall reiben Sie zunächst mit Salmiak ab. Schon oxidiertes Metall streichen Sie gleich mit Haftgrund vor. Erst dann erfolgt der Farbanstrich.

Metallblanke Beschläge lassen Sie flammspritzverzinken. Bei dieser Verzinkungsart wird das Zinn auf etwa 2000° C erhitzt und mit einer Art Spritzpistole staubförmig auf das Metall aufgetragen, das zuvor sandgestrahlt wurde.

Auf leicht rauher Oberfläche hält der Lack über dem Zinn besonders gut.

12 Anschließend werden die Sparren auf die Pfette und das Rehmholz gelegt und in gleichmäßigem Abstand mit Sparrennägeln festgenagelt.

Achten Sie darauf, daß beim Festnageln auf das Rehmholz dieses unterbolzt wird, da sich sonst die Dübel lockern.

Es gibt Pergolen aus Holz oder Metall oder Konstruktionen aus kombinierten Baustoffen.

Eine dauerhafte und schöne Lösung ist die Monolithenpergola: Natursteinstützen werden oberseits mit einer Kerbe versehen, in die man die Auflagehölzer einlegt.

Ersatzweise bekommen Sie in Baumärkten Betonpfeiler angeboten. Eine leichte, schlichte Konstruktion können Sie herstellen aus Metallstützen mit Holzauflage.

Spalier mit Rahmen

Material

Spalierleisten 15x20 mm, Rahmenleisten 55x75 mm, Schnellbauschrauben 3x30 mm, 5x70 mm, Schraublasche, Öllasur.

Werkzeug

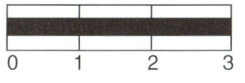

Schwierigkeitsgrad

0	1	2	3

Kraftaufwand

0	1	2	3

Arbeitszeit

Für Erstellung und Montage etwa 6 Stunden.

Ersparnis

Pro qm etwa 15 €.

1 Für den Rahmen benötigen Sie kerngetrennt geschnittene Kanthölzer, je zwei für Höhe und Breite des Spaliers.

Alle vier Kanthölzer werden mit einem Falz versehen, dessen Tiefe sich nach der Stärke der Spalierlatten richtet.

Bei einer Spalierlattengröße von 2 x 2 cm schneiden Sie einen Falz von 2 x 4 cm.

1

2 Stellen Sie die Kreissäge auf eine Schnittiefe von 1 cm ein und messen Sie vom Anschlag einschließlich Sägeblatt 2 cm.

Sicherheitstip

Da es sich um einen verdeckten Schnitt handelt und Sie ohne Spaltkeil schneiden müssen, sollte ein Helfer das Kantholz auf die letzten 50 cm Schnitt ziehen, während Sie mit einem Schiebestock von oben auf das Holz drücken.

2

3 Stellen Sie die Kreissäge auf eine Schnittiefe von 2 cm ein und entfernen Sie den Anschlag so weit vom Sägeblatt, daß Sie einschließlich Sägeblatt 1 cm messen.

Schneiden Sie jedes Kantholz wie in Punkt 2 beschrieben.

3

4

5

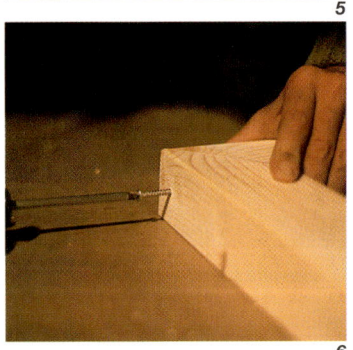

6

4 Ist das Spalier der Witterung ausgesetzt, muß das später unten verlaufende Kantholz des Rahmens am Falz mit einer leichten Schräge versehen werden.
Befestigen Sie dazu das Kantholz mit Schraubzwingen auf Arbeitsböcken und arbeiten Sie die entsprechende Kante mit dem Hobel nach. Man nennt diesen Arbeitsschritt »Kanten brechen«.
Im Gegensatz zum »Anfasen« wird das scharfkantige Werkstück nur abgeschliffen; die Werkstückkanten bleiben rechtwinklig.

5 Schneiden Sie die vier Kanthölzer auf die gewünschten Längen zu und versehen Sie die Enden mit einem 45-Grad-Schnitt.
Die Seite, auf der sich der Falz befindet, bildet die kürzere Seite. Diese Verbindung von zwei Werkstücken zum Winkel von 90 Grad nennt man »Gehrung«.

6 Äußerst wichtig ist die Nachbehandlung der Schnittstellen. Wiederholen Sie das Imprägnieren mindestens dreimal, bevor Sie die Rahmenteile zusammenfügen. Drehen Sie an jeder Eckverbindung je 2 Schnellbauschrauben Ø 6 mm in das Hirnholz. Be-

achten Sie, daß Sie leicht versetzt vorbohren, um ein Aufeinandertreffen der Schrauben im Holz zu vermeiden.

7 Messen Sie den Abstand von Falz zu Falz aus und rechnen Sie davon etwa 1,5 cm ab. Auf dieses Maß werden nun die Spalierleisten zugeschnitten.
Legen Sie die erste Lage der Spaliersprossen in gleichmäßigen Abständen in den Rahmen ein.
Optisch gut macht sich ein Abstand von rund 15 cm. Befestigen Sie die Spalierplatten mit dünnen Schnellbauschrauben oder Wagnerstiften.
Grundsätzlich sollten Sie die Spalierleisten immer vorbohren, da sich sonst Risse in Richtung der Faser bilden.

8 Legen Sie die Sprossen der zweiten Lage ein und ordnen Sie sie im gleichen Abstand voneinander an wie die der ersten Lage. Die Spalierlatten werden an ihren Berührungspunkten miteinander verbunden.
Zwei Holzplatten, die Sie auf den gewünschten Lattenabstand zuschneiden und dann jeweils zwischen die Leisten einlegen, helfen Ihnen, ein rechtwinkliges und

gerades Spalier zu fertigen. Achten Sie beim Einlegen der Sprossen auf einen rundum gleichmäßigen Abstand von Leistenende zu Falz, damit sich an diesen Stellen keine Feuchtigkeit sammelt.

9 Das Spalier wird an der Wand mit Schraublaschen befestigt. Der Abstand zur Wand sollte etwa 2 cm betragen.

Achten Sie darauf, daß sich das abgeschrägte Rahmenteil unten befindet.

Die Spalierlatten lassen sich in ringsum gleichen Abständen anordnen, so daß quadratische Felder entstehen.

Schöner sehen rechteckige Felder aus, die entweder Höhe oder Breite des Elements betonen.

Stimmen Sie die Feldgröße ab auf das Gesamtmaß des Spaliers und die Profilstärken. Wenn möglich, ordnen Sie Länge und Breite eines rechteckigen Feldes im Verhältnis 5:3 an (z.B. 25 x 15). Wenn Sie die Leisten schräg in den Rahmen stellen wollen, müssen Sie die Enden mit einem entsprechenden Schnitt versehen. Aus optischen Gründen kommt nur ein 45–Grad-Winkel in Frage. Die entstehenden Rautenfelder sollen quadratisch sein.

10 Spalier mit Rahmen eignen sich sehr gut als »Raumteiler« in Ihrem Garten.

Setzen Sie es ein als Sichtschutzelement oder zum Abschluß eines Beetes. Bedenken Sie jedoch, daß das Spalier nicht von einer Wand stabilisiert wird. Ein freistehendes Spalier muß großem Winddruck standhalten können. Wichtig ist deshalb eine gute Aussteifung über Fundamenteisen.

Sicherheitstip
Befestigen Sie Ihr Spalier möglichst stabil, da durch die Kletterpflanzen viel Gewicht hinzukommt, zumal nach Regen oder im Winter durch Schnee. Verankern Sie also größere Spaliere mit 10-mm-Schrauben und 12-mm-Dübeln.

8

9

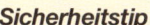

7

10

Sichtschutz-Zaun mit Pergolaaufbau

Material
Betonanker, 2 Schraubbolzen 10/110 mm, Pfosten 90 x 90 mm; je Element: 4–6 Beschläge, 8 Spax 4/30, Betonkies, Zement, Sichtschutzelemente.

Werkzeug

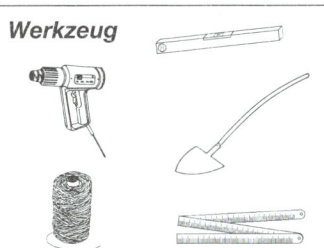

Schwierigkeitsgrad

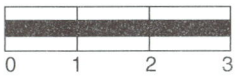

| 0 | 1 | 2 | 3 |

Kraftaufwand

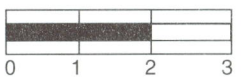

| 0 | 1 | 2 | 3 |

Arbeitszeit
2 Stunden Arbeitszeit pro laufenden Meter.

Ersparnis
Pro laufenden Meter rund 50 €.

1–2 Denken Sie bei der Planung Ihres Gartens auch an einen geeigneten Sicht- und Windschutz für Ihr Grundstück oder Ihre Terrasse.

Häufig bieten vorhandene Gegebenheiten (Architektur des Hauses, Bepflanzung im Garten) ausreichend Abgrenzung und Schutz für ein ungestörtes Wohnen im Garten.

3 Spannen Sie über die gewünschte Zaunflucht eine Schnur und befestigen Sie diese an den Eisenstangen.
Die Stangen sollten jeweils etwa 50 cm vor dem späteren Zaunanfang bzw. nach dem Zaunende eingeschlagen werden.
Mittels einer Wasserwaage richten Sie die Schnur waagerecht ein. Sie sollte sich etwa 20 bis 30 cm über dem Bodenniveau befinden.

4 Markieren Sie mit kleinen Sandhäufchen o.ä. die Achspunkte der einzelnen Fundamente.

Das **Achsmaß** errechnen Sie wie folgt:
2 x 1/2 Pfostenstärke
+ Breite des Zaunelements
+ 1 cm für Beschläge

1

2

3

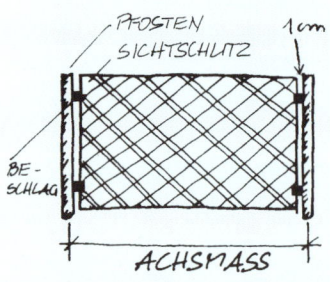

PFOSTEN

SICHTSCHLITZ

1 cm

BE-
SCHLAG

ACHSMASS

4

5

Zum Ausheben der Fundamentlöcher stechen Sie am besten mit einem Spaten einen Radius von rund 30 bis 40 cm um die Sandhäufchen ab.

Die obere Erdschicht läßt sich mit einem Pickel lockern. Anschließend schaufeln Sie das lose Erdreich in eine Schubkarre.

5 Wenn alle Löcher gegraben sind, füllen Sie eine Schubkarre gestrichen voll mit gewaschenem Betonkies und mischen 1/4 Sackfüllung Zement darunter. Fügen Sie etwa 10 l Wasser hinzu und mischen Sie gut durch. Die Menge reicht für ein Fundamentloch.

Beginnen Sie mit dem Fundament, das am höchsten liegt. Drücken Sie den Betonanker so tief in den Beton ein, daß das obere flache Quereisen 2 cm über der Bodenoberfläche zu liegen kommt. Indem Sie ein Stück Holz auf den Betonanker legen und mit einem schweren Fäustling daraufschlagen, erleichtern Sie sich diesen Arbeitsvorgang. Die Betonanker müssen so montiert sein, daß die querliegenden Flacheisen eine Flucht ergeben. Falls Ihr Grundstück ein Gefälle von mehr als 10 cm aufweist, ist

es notwendig, den Zaun zu stufen. Die beste Optik erhalten Sie mit gleichmäßigen Stufen, die Sie leicht errechnen können.

Beispiel: 20 cm Gefälle auf eine Zaunlänge von 19 m bei einem Achsmaß von
190 cm $\stackrel{\wedge}{=}$ 10 Elemente
20 cm : 10 Elemente = 2 cm Stufe. Jeder Betonanker muß um 2 cm tiefer gesetzt werden als der vorherige.

6 Nach Austrocknung des Betons (in der Regel etwa 3 Tage) stellen Sie die Pfosten in die Betonanker und richten sie so aus, daß sie 1 cm weiter auseinanderstehen als die Holzwand breit ist. Mit einer Schraubzwinge arretieren Sie den Pfosten zwischen den beiden vorgebohrten Löchern des Betonankers.
Mit einem Metallbohrer (Ø 10 mm) bohren Sie von einer Seite waagerecht zu 2/3 in den Pfosten, von der anderen Seite bohren Sie den Rest.
Jetzt stecken Sie den Schraubbolzen durch das Bohrloch und schlagen mit dem Hammer nach. Achten Sie dabei darauf, daß das Gewinde des Schraubbolzens nicht verletzt wird.
Die Mutter darf nur so fest ange-

zogen werden, daß der Pfosten anschließend mit Hilfe einer Wasserwaage nachgerichtet werden kann.

Danach bohren Sie das zweite Loch, wie zuvor beschrieben, schieben einen Schraubbolzen hindurch und ziehen die Mutter leicht an.
Nach einer erneuten Kontrolle des senkrechten Standes des Pfostens können die Schraubbolzen fest angezogen werden. Auf dieselbe Weise montieren Sie den Pfosten am anderen Zaunende.

7 Eine optimale Zaunflucht erzielen Sie, wenn Sie über die Pfostenköpfe der bereits installierten Pfosten eine Schnur spannen.
Hierzu eignet sich eine Maureroder Dekorationsschnur, weil sie leicht ist und deshalb weniger durchhängt.

Schlagen Sie einen kleinen Nagel in das Hirnholz des ersten und des letzten Pfostens. Mit einer Schlaufe befestigen Sie das eine Ende der Schnur an einem der Nägel, das andere ziehen Sie um den zweiten Nagel und wickeln es einige Male um ein hervorste-

hendes Gewinde eines Schraubbolzens.
Richten Sie die übrigen Pfosten nach der Schnur aus.

8 Haben die Pfosten die gleiche Höhe wie Ihre Sichtschutzelemente, so befestigen Sie die L-Beschläge, indem Sie mit einem Bleistift deren Position jeweils 30 cm vor Pfostenkopf und -fuß und zu etwa 2/3 zurückversetzt markieren.
Mit einem Holzbohrer (Ø 5–7 mm) bohren Sie rund 5 cm in die markierte Stelle.
Das Gewinde des L-Beschlags wird so weit in den Pfosten gedreht, bis die Flachseite des Beschlags am Pfosten anliegt.
Metallblanke Beschläge werden mit Rostmennige oder -primer gestrichen, um sie vor Rostfraß zu schützen.

Das blanke Metall sollten Sie zuvor mit Waschbenzin oder ähnlichem reinigen.
Dann tragen Sie den Rostschutz mindestens zweimal auf, bevor Sie dem Metall den endgültigen Lackanstrich geben.

9 Haben Sie einen Sichtschutz mit Pergolaaufbau gewählt, le-

6

7

8

9

10

gen Sie die bereits geplatteten Sattelbalken auf die Pfosten.

Die breite Seite der Verplattung liegt auf dem Pfosten auf, die Aussparung zeigt nach oben.

Zur Befestigung wird ein Nagel (5 mm, 120 mm lang) durch die Verplattung in das Hirnholz des Pfostens geschlagen. Den nächsten Sattelbalken legen Sie so auf, daß beide Verplattungen eine Sattelbalkenstärke ergeben.

Durchbohren Sie die Verplattung mit einem 10-mm-Bohrer und drehen Sie eine Holzschlüsselschraube (10 mm, Länge 180 bis 200 mm) durch die beiden Verplattungen.

Holz-, Maschinenschrauben, Muttern und Beilagscheiben sind weiß oder gelb verzinkt, manchmal auch galvanisiert.

Sicherheitstip
Beim Verbau von Schlitz- oder Kreuzschlitzschrauben ist unbedingt darauf zu achten, daß der richtige Bit-Einsatz gewählt wird. Ansonsten kann der Schraubenkopf verletzt werden und das Zink leicht abspringen.

Profitip
Verwenden Sie beim Verbau immer massive Messingschrauben. Diese können nicht rosten und sind gegen Witterungseinflüsse Widerstandsfähiger.

10 Wählen Sie den Abstand der einzelnen Reiter und markieren Sie den Sattelbalken entsprechend.

Ein Reiterabstand von 50 bis 60 cm wirkt sehr gut. Es ist ratsam, die Reiter am Boden (harter Untergrund) bereits vorzunageln.

Die Nägel sollten so weit durchgeschlagen werden, daß die Nagelspitzen knapp 5 mm herausragen.

Die Länge der Nägel sollte auf jeden Fall so gewählt werden, daß die Spitzen nicht unter dem Sattelbalken sichtbar sind.

Drücken Sie den Reiter mit den leicht hervorstehenden Nagelspitzen an der markierten Stelle auf den Sattelbalken.

Schlagen Sie dann abwechselnd auf den rechten und den linken Nagel.

Bescheid wissen und Geld sparen beim Hausbau

Der Bauherr –
das Magazin für Massivbau und Fertighaus.

Mit den topaktuellen Informationen über

- Baufinanzierung
- Energie sparen
- Einrichtung
- Innenausbau
- Messeneuheiten
- Rechtsfragen

96 Seiten alle zwei Monate Nur 3,50 € bei Ihrem Zeit-schriftenhändler

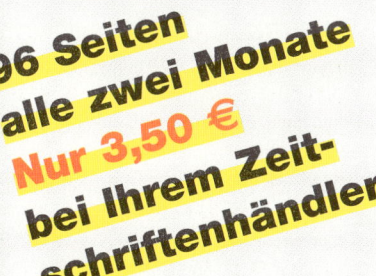

Fordern Sie gleich Ihr kostenloses Schnupperexemplar an:

Compact Verlag GmbH
Züricher Straße 29
81476 München
Telefon: 0 89/74 51 61-0
Telefax: 0 89/75 60 95
www.derbauherr.de

Alles, was der Bauherr wissen muss – von der Planung bis zum Einzug!

Bohlenzaun

Material

T-Eisen- oder Betonanker, Kant- oder Rundholzpfosten, Beton, Kies, Zement, verzinkte Nägel.

Werkzeug

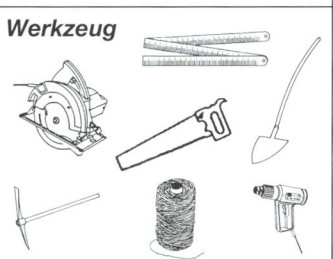

Schwierigkeitsgrad

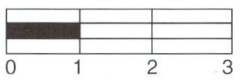

0	1	2	3

Kraftaufwand

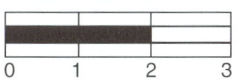

0	1	2	3

Arbeitszeit

Planen Sie etwa 1 Stunde für den laufenden Meter ein.

Ersparnis

Durch Eigenleistung sparen Sie rund 20 € pro laufenden Meter ein.

1 Bei der Anfertigung von Bretter- oder Bohlenzäunen verwendete man früher häufig Hartholz.

Heute werden sie nur noch in Weichholz gearbeitet.

Die Breite der Bretter liegt zwischen 10 bis 15 cm, die Mindeststärke beträgt 2,4 cm.

Die Bretter werden waagerecht mit kleinem Abstand gesetzt.

Die aufwendigste Form des Bretterzauns ist der nach Art einer Bretterwand bündig versetzte Zaun.

Die einfachste Form ist von der Landwirtschaft her bekannt:

Ein oder zwei zwischen zwei Pfosten gespannte waagerecht verlaufende Brettreihen, häufig mit Abdeckbrett.

Bohlen- oder Koppelzäune umgeben meist große Grundstücke, die selten durch Randleistensteine eingegrenzt sind. Dies macht ein freies Setzen der Pfosten möglich. Bohlenzäune können sowohl auf T-Eisen als auch auf Betonanker mit Vierkantpfosten oder auf Rundholzpfähle montiert werden.

2 Die Länge der Zaunpfosten ist abhängig von Zaunhöhe und Bodenbeschaffenheit. Bei Humus- oder Lehmboden kalkulieren Sie

BÜNDIG VERSETZTER BRETTERZAUN

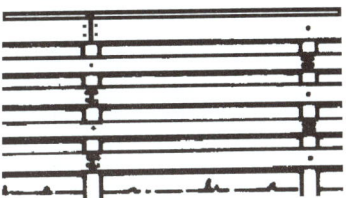

1

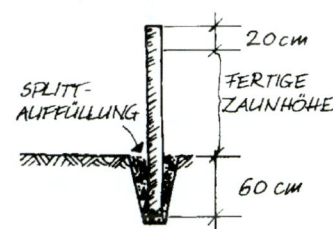

2

3

4

5

6

etwa 60 cm Einbautiefe
+ fertige Zaunhöhe
+ 20 cm.

Spannen Sie von Grenzstein zu Grenzstein eine Schnur. Achten Sie darauf, daß die Schnur mittig auf der Grenzmarkierung zu liegen kommt. Somit ist die Zaunflucht gegeben.
Messen Sie von jedem Grenzstein etwa 40 bis 50 cm in die angezeigte Zaunflucht hinein und markieren Sie diese Punkte mit Sandhäufchen o.ä. Sie bilden die äußeren Zaunpfosten.
Anschließend messen Sie den Abstand dieser Pfosten voneinander ab und wählen den Pfostenabstand, der 3 m nicht überschreiten sollte. Kennzeichnen Sie alle Pfostenstandplätze.

3 Eine Erdbohrmaschine, die Sie bei Ihrem Fachhändler leihen können, erspart Ihnen das Ausheben der Pfostenlöcher.
Setzen Sie die Bohrerspitze so an, daß sie sich um halbe Pfostenstärke plus Stärke des Bohlenmaterials in Ihrem Grundstück befindet. Bohren Sie alle Löcher so tief als möglich. Ist der Boden nicht zu steinig, genügt ein Spaten oder gegebenenfalls ein

Handbagger zum Ausheben der Pfostenlöcher.
Für leichte Zäune mit schmalen Pfosten von etwa 10 cm Durchmesser stechen Sie das Loch mit einer Brechstange oder einem spitzen Eisen vor und weiten es durch drehende Bewegungen.

4 Mit einem schweren Vorschlaghammer werden die Pfosten in die Löcher getrieben.
Kontrollieren Sie bei jedem Pfosten den für die Bohlenbretter nötigen Abstand zwischen Pfostenaußenkante und Schnur.

5 Falls zwischen Pfosten und Erdreich noch Luft sein sollte, füllen Sie diesen Zwischenraum mit Splitt, Sand o.ä. auf und verdichten das eingefüllte Material mit dem Vorschlaghammer.

6 Nachdem Sie alle Pfosten eingetrieben haben, spannen Sie in Höhe der späteren Zaunoberkante zuzüglich 5 cm eine Schnur. Markieren Sie den Meßpunkt mit Kreide am Pfosten.
Mit einer Handsäge kürzen Sie den Pfosten auf die entsprechende Höhe.
Schneiden Sie den Pfosten leicht geschrägt zum Grundstück hin

ab. Anschließend wird das Hirnholz mit einer farblich passenden Öllasur eingelassen.

Bestreichen Sie die Schnittstellen mehrmals jeweils im Abstand von einigen Stunden.

Ein Brett, das an allen Seiten etwa 2 cm übersteht und auf das Hirnholz genagelt wird, bietet zusätzlich Schutz vor Fäulnis.

7 Die erste Brettlänge messen Sie vom Zaunabschlußpunkt bis zur Mitte des zweiten Pfostens aus.

Bei einem dreilagigen Zaun schneiden Sie drei Bretter ab. Alle weiteren Brettlängen werden von Pfostenmitte zu Pfostenmitte gemessen. Grundsätzlich ist darauf zu achten, daß Zaunfeld für Zaunfeld befestigt wird und jeweils danach das neue Achsmaß des nächsten Zaunfelds ermittelt wird.

8 Eine genaue Zaunbohlenflucht erhalten Sie, indem Sie erneut eine Schnur spannen, etwa 4,5 cm unterhalb des abgeschnittenen Pfostenkopfs.

Halten Sie 5 mm Abstand zur Schnur – von Oberkante Zaunbohle gemessen – und befestigen Sie das Brett mit Schnellschrauben oder verzinkten Nägeln direkt am Pfosten.

Während Sie die Bretter annageln, sollte eine zweite Person mit einem Vorschlaghammer gegenhalten.

Die untere Zaunbohle montieren Sie mit 5 bis 10 cm Bodenabstand in gleicher Weise, wobei obere und untere Zaunbohle exakt parallel verlaufen müssen.

Für die Montage des dritten Brettes ermitteln Sie den Abstand der bereits befestigten Bohlen voneinander.

Markieren Sie die halbe Länge am Pfosten und messen Sie eine halbe Bohlenbreite in Richtung Pfostenkopf. Damit steht die Oberkante der Bohle fest.

9 Lassen Sie sämtliche Schnittstellen der Zaunbohlen mit farblich passender Lasur ein.

10 An den Stoßstellen der Zaunbohlen können Sie senkrechte Bretter als Verblendung montieren. Messen Sie dazu vom höchsten Punkt des Pfostenkopfs zur Unterkante der untersten Bohle.

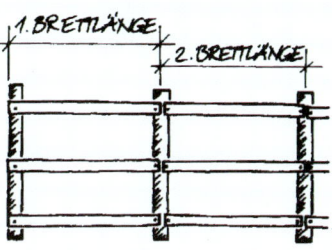

7

8

9

10

11

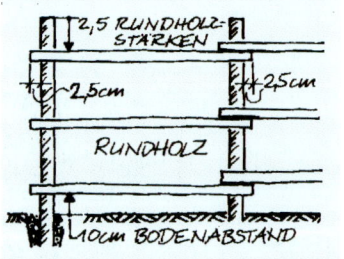

12

Auf dieses Maß zuzüglich 1 cm längen Sie die Bretter ab, soviel Sie Pfosten haben.

Das Brett muß an der oberen Schmalseite mit der Schräge versehen werden, wie der Pfosten sie hat, damit die Schnittflächen eine Linie ergeben.

11 Für die »Dacherl« verwenden Sie die Zaunbohlenverschnitte. Messen Sie von der Pfosten-Innenkante entlang der Schnittstellen bis zur Außenkante senkrechtes Brett plus 2 cm.

Längen Sie die Bretter so ab, daß die Schnittstellen nach Auflegen auf den Pfostenkopf senkrecht stehen.

Profitip
Zum Befestigen der Dacherl verwenden Sie am besten dünne Schnellschrauben oder entsprechende Nägel.

12 Als Alternative können statt Bohlen auch Rundhölzer in zweierlei Weise angebracht werden. Wenn die Schnittstellen mittig am Pfosten zusammenstoßen sollen, montieren Sie die Rundhölzer wie unter Punkt 8 beschrieben.

Zur Befestigung der Rundhölzer verwenden Sie Holzschlüsselschrauben mit 8 bis 10 mm Durchmesser.

Vorgebohrt werden wiederum nur die querverlaufenden Rundhölzer. Das Übereinanderlegen der Rundholzenden ist eine andere Art der Montage. Längen Sie die Rundhölzer auf das Achsmaß plus 2 x 25 cm ab und montieren Sie jedes Feld wie folgt:
Messen Sie je 2,5 Rundholzstärken vom Pfostenkopf Richtung Boden.

An diesem Meßpunkt befestigen Sie ein Rundholz mit seiner Oberkante und links und rechts je etwa 2,5 cm Überstand.
Parallel dazu montieren Sie das untere Rundholz mit einem Bodenabstand von etwa 10 cm. Markieren Sie die Mitte des Stangenabstands am Pfosten und bringen Sie dort mittig das restliche dritte Rundholz an.

Nachdem jedes zweite Feld fertig montiert ist, werden die Rundhölzer in den freien Feldern links und rechts auf die bereits befestigten Rundhölzer aufgelegt, beidseitig ausgemittelt und festgeschraubt.

Staketen- oder Lattenzaun

Material

Randleistensteine, T-Eisen, Staketen, Patentbügel, Schloß-schrauben 6/80.

Werkzeug

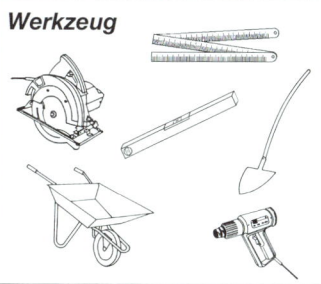

Schwierigkeitsgrad

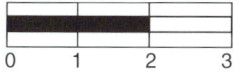

0   1   2   3

Kraftaufwand

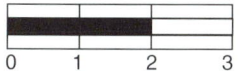

0   1   2   3

Arbeitszeit

Pro laufenden Meter etwa 2 Stunden.

Ersparnis

Pro lfm. rund 30 €.

1–2 Der Staketenzaun ist ein durchgehender, nicht in einzelne Zaunfelder eingeteilter Zaun. Die Pfosten des Staketenzauns bleiben unsichtbar. Sie werden niedriger als die fertige Zaun-höhe gesetzt.

Die Staketenbreite liegt bei etwa 6 cm. Der Abstand zwischen den Staketen ist meist etwas geringer (etwa 4 bis 5 cm). Damit bleiben eine gewisse Transparenz und Durchlässigkeit des Zauns ge-wahrt. Der Abstand vom Boden beträgt etwa 5 cm. Grundstücke in Städten und Gemeinden sind meist von Rundleistensteinen begrenzt. Auch in diesem Fall ist auf eine Bodenfreiheit von 5 cm zu achten.

Legen Sie die Zäune prinzipiell nicht zu hoch an. An eine 150 cm hohe Umgrenzung muß Ihr Nachbar schon bewußt herantre-ten, um hinübersehen zu können.

Die Stakete ist ein vollrundes oder aber in der Hälfte gespalte-nes Fichtenstämmchen.
Am oberen Ende ist sie zuge-spitzt, an der Unterseite gesägt. Sie wird ungeschält oder aber geschält und leicht gehobelt ver-arbeitet.

1

2

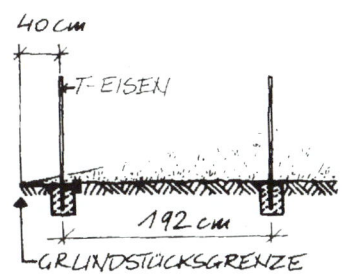

3

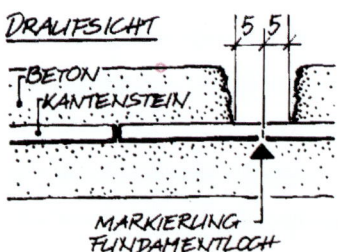

DRAUFSICHT

BETON KANTENSTEIN

5,5

MARKIERUNG FUNDAMENTLOCH

4

5

6

Die Latte ist gesägt, gehobelt und mitunter farbig, d.h. weiß oder grün, gestrichen. Sie hat ein viereckiges Profil, läuft am oberen Ende spitz zu oder ist abgeschrägt oder abgerundet.

Üblicherweise verläuft der Lattenzaun streng waagerecht. Er kann mit einem profilierten Abdeckbrett an seiner Oberkante gegen Witterung und Regen geschützt werden. Die Latten selbst können vor oder hinter der Querlatte befestigt sein. Aus Witterungsgründen liegt die kleinste Lattenstärke bei 2,4 cm.

3 Ist die Zaunflucht durch Randleistensteine vorgegeben, so markieren Sie mit Wachsstift oder Kreide die Lage der Fundamentlöcher an den Steinen. Bei T-Eisen wählen Sie einen Pfostenabstand von etwa 2 m.

Montieren Sie eine eigene Zaunsäule, auch wenn eine Anschlußsäule zum Nachbargrundstück vorhanden ist. Dazu messen Sie 40 cm von jedem Grenzpunkt entlang der Zaunflucht in Ihr Grundstück hinein: bei einer angenommenen Zaunlänge von 20 m verbleiben 19,2 m. Markieren Sie nun im Abstand von 192 cm die Fundamentlöcher.

4 Meistens sind die Randleistensteine mit einem beidseitigen Betonkeil versehen. Dieser muß jeweils rund 5 cm links und rechts vom Markierungsstrich bis zum Stein hin entfernt werden. Hierzu dienen am besten eine schwere Eisenstange oder ein elektrischer Schlaghammer.

Graben Sie jetzt die Fundamentlöcher. Sie sollten etwa 70 cm tief sein und einen Durchmesser von 30 cm haben.

5 Die Position der T-Eisen ist abhängig von der Stärke der Bindestangen und Zaunlatten.
Beispiel: 5 cm Binderstärke
$\underline{+\ 3\ \text{cm Lattenstärke}}$
= 8 cm

Messen Sie also 8 cm von der Mitte des Randleistensteins in Ihr Grundstück hinein. An diesem Meßpunkt setzen Sie Ihre Schnureisen links und rechts von Zaunanfang und -ende und spannen eine Schnur über die gesamte Zaunflucht.

Die Stärke des Randleistensteins beträgt meistens 8 und 8,5 cm, d.h. die Schnur muß sich 3,5 bis 4 cm hinter dem Stein befinden.

6–7 Mischen Sie nun den Beton für die Fundamente aus einem Schubkarren voll gewaschenem Betonkies 1/4 Sackfüllung Zement und rund 10 l Wasser je Fundamentloch.

Die Fundamentlöcher werden nur zu 2/3 gefüllt. Die T-Eisen sollten ungefähr 30 cm länger sein als die Zaunlatten. Stellen Sie die T-Eisen so hinter die Schnur, daß die Flachseite in einem Abstand von etwa 5 mm parallel zur Schnur steht.

Drücken Sie die T-Eisen so tief in den Beton ein, daß Oberkante T-Eisen und obere Bindestange eine Höhe ergeben. Bei einem durchschnittlichen Lattenüberstand von 25 cm (gemessen von Oberkante Bindestange bis Oberkante Lattenkopf) sowie einer Gesamt-Lattenlänge von 120 cm ergibt sich eine T-Eisenlänge von 100 cm ab Randleistenstein.

Anschließend muß der senkrechte Stand der Eisen überprüft und gegebenenfalls nachgerichtet werden. Drei Tage sollte der Beton aushärten.

8 Um die Bindestangen genau in Zaunflucht anbringen zu können, spannen Sie vom ersten bis zum letzten T-Eisen eine Schnur, et-

wa 1 cm vor Oberkante T-Eisen. Mit einem Bleistift markieren Sie die gespannte Schnur an jedem T-Eisen. Eventuelle Erhöhungen oder Absenkungen des Randleistensteins können so ausgeglichen werden.

Schneiden Sie das erste Bindestangenpaar vom Anschlußpunkt bis Mitte des zweiten T-Eisens zu. Das nächste Bindestangenpaar schneiden Sie auf das jeweilige Achsmaß (von T-Eisen-Mitte zu T-Eisen-Mitte) zu, aber erst nachdem Sie das erste Bindestangenpaar montiert haben.

9 Bitten Sie eine zweite Person, Ihnen bei der Montage der Bindestangen zu helfen. Während ein Helfer die Bindestangen so gegen die T-Eisen drückt, daß der Markierungsstrich mit Oberkante Bindestange gleich ist, drücken Sie den Patentbügel von hinten auf das T-Eisen, so daß er sich Mitte Bindestange befindet. Mit einem Holzbohrer bohren Sie an vorgesehener Stelle die Löcher durch die Bindestange. Die Schloßschraube muß so in die Bohrung gesteckt werden, daß sich der Schraubenkopf auf der Bindestange befindet und das Gewinde auf der Seite des Patentbügels.

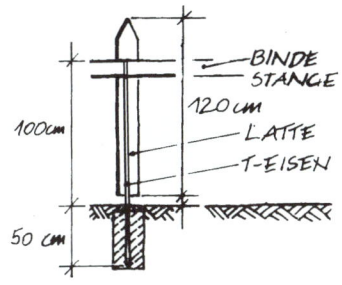

7

8

9

10

11

12

Achten Sie bei der Montage der Bindestange darauf, daß bei Halbrund-Bindestangen die Flachseite am T-Eisen, bei abgeschrägten 4-Kant-Bindestangen die abgeschrägte Seite am T-Eisen anliegt. Haben Sie alle oberen Bindestangen befestigt, so messen Sie die unteren folgendermaßen aus.

Beispiel: 120 cm Lattenlänge
– 2 x 25 cm Lattenüberstand
<u>oben und unten</u>
= 70 cm Bindestangenabstand
von OK obere Bst.
bis UK untere Bst.
Messen Sie bei jedem T-Eisen diese 70 cm ab und befestigen Sie die unteren Binder.

10–11 Jetzt montieren Sie die erste und die letzte Zaunlatte mit verzinkten Nägeln oder Schnellschrauben (Spax) an den Bindestangen.
Achten Sie auf einen Boden- oder Randleistenabstand von 5 cm. Schlagen Sie in beide Lattenköpfe je einen Nagel und spannen Sie eine Schnur etwa 5 mm über dem höchsten Punkt des Lattenkopfs. Mit Hilfe einer Abstandslatte befestigen Sie eine nach der anderen. Kontrol-

lieren Sie aber bei jeder dritten oder vierten Latte den senkrechten Stand.

12 Nicht immer ist die Zaunflucht durch Randleistensteine vorgegeben. Müssen die T-Eisen frei gesetzt werden (ohne Randleistenstein), so spannen Sie sich über die Mitte jedes Grenzsteins eine Schnur, die die Zaunflucht anzeigt.

Zum Setzen der T-Eisen messen Sie jeweils Bindestangen- und Lattenstärke von der Schnur in Ihr Grundstück zurück. Das Überstehen der T-Eisen errechnen Sie wie in Punkt 4 beschrieben.
Markieren Sie auf jedem T-Eisen die gewünschte Länge und gehen Sie beim Setzen der T-Eisen von der Zaunfluchtschnur als unterstem Meßpunkt aus.

13–14 Ist eine Mauer vorhanden, so können Sie die T-Eisen durch Einbohren oder Aufdübeln darauf befestigen. Falls nicht vorhanden, besorgen Sie sich in einem Werkzeugverleih eine Schlagbohrmaschine mit einem Betonbohrer 50 mm Durchmesser.
Markieren Sie am späteren Zaunanfang und -ende den ge-

wünschten Standort der T-Eisen. Spannen Sie über diese T-Eisenflucht in der Mitte der T-Eisen eine Schnur und bohren Sie etwa 15 cm tiefe Löcher in gewünschtem T-Eisenabstand.

Nachdem Sie alle Löcher gebohrt haben, setzen Sie die T-Eisen und richten sie nach der Schnur aus. Gießen Sie die Löcher mit einem breiigen Zement-Wasser-Gemisch aus und arretieren Sie die T-Eisen mittels kleiner Holzkeile lotrecht.

Spannen Sie eine Schnur, nachdem Sie die äußersten T-Eisen markiert haben. Wählen Sie den Säulenabstand und zeichnen Sie durch die vorgebohrten Löcher der Flacheisen die Bohrpunkte am Beton an.

Mit einem Betonbohrer (Ø 14 mm) bohren Sie etwa 7 cm tiefe Löcher, stecken in diese 14-mm-Dübel und drehen Holzschlüsselschrauben (10 x 60 mm) ein.

15 Ist bei einem Lattenzaun mit T-Eisen eine Tür geplant, sollte diese nur zwischen Betonsäulen oder verdeckten 4-Kantrohr-Metallsäulen montiert werden.

Für ein Holztor zwischen Betonsäulen graben Sie die Fundamentlöcher so, daß Vorderkante Stakete und Vorderkante Säule nach dem Setzen eine Flucht bilden. Achten Sie unbedingt darauf, daß das Fundament einen Durchmesser von mindestens 50 cm sowie eine Tiefe von 80 bis 100 cm hat.

Die Betonsäulen müssen mit Beton fundamentiert werden. Erst nach dem Setzen der Säulen geben Sie Ihrem Fachhändler das lichte Maß zwischen diesen an. Er wird für Sie das Tor anfertigen.

13

14

Staketen/Vierkant-Hobellatten: Preise in ca. €	
Stakete, 6 cm breit, 120 cm lang, kesseldruckimprägniert	2,–
Stakete, 5,5 cm breit, 120 cm lang, mit Rinde	1,5
Latte, 26 x 65 mm, 120 cm lang, kesseldruckimprägniert	3,5
dasselbe, nicht imprägniert	3,–
dasselbe, runder Lattenkopf	4,–
Latte, 25 x 65 mm, 120 cm lang, unimprägnierte Lärche	5,–

15

Terrasse mit Sitzmauer

Material
Pflaster, Granit- und Klinker-platten, Traßzement, Schütt-gut.

Werkzeug

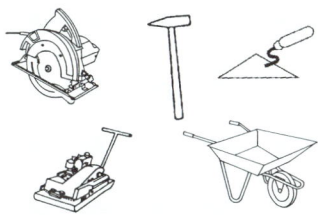

Schwierigkeitsgrad

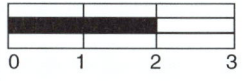

0   1   2   3

Kraftaufwand

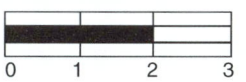

0   1   2   3

Arbeitszeit
Für diese Terrasse etwa 14 Tage.

Ersparnis
Durch die Eigenleistung kön-nen zwischen 3500 und 4100 € eingespart werden.

Gestalten Sie Ihre Terrasse, indem Sie die Gegebenheiten des Grundstücks und den Platz-bedarf Ihrer Familie in die Pla-nung miteinbeziehen. Ein gutes Maß für Ihre Terrasse ist 3 x 6 bis 8 m; so können Sie mit dem Gar-tentisch wandern oder zusätzlich ein bis zwei Liegestühle stehen-lassen.
Eine Terrasse kleiner als 4 x 4 m schränkt Sie in Ihrer Beweglich-keit ein. Wählen Sie den hauptsächlichen Sitzbereich so, daß Sie vor der Terrassentür oder bei der Treppe in den Gar-ten freien Platz haben.

Wenn das Gelände abschüssig ist, gibt die Sitzmauer der Terras-se seitlich Halt. Darüber hinaus bietet sie willkommene Sitzgele-genheit, wenn Sie einmal Gäste haben.

1 Nehmen Sie den alten Belag auf und fahren Sie ihn in einem Container ab. Einzelne schöne Platten oder Steine, die Sie wie-derverwenden wollen, lagern Sie seitlich.
Hier wurden vorhandene Klinker-platten in verschiedenen Forma-ten mit dazugekauftem gebrauch-tem Granitpflaster ergänzt.

1

2

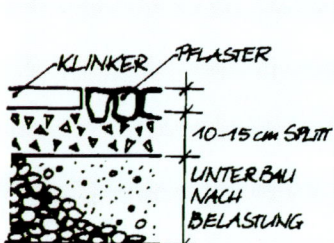

2 An gebrauchtem Material haften oft Mörtelreste.

Diese müssen Sie abschlagen, Verwenden Sie dazu einen Maurerhammer mit breiter Schneidefläche oder einen Fäustel. Säubern Sie die Materialien vor dem Verlegen.

Sicherheitstip

Auch hier, wie bei allen Meißelarbeiten am Stein, gilt: Schützen Sie Ihre Augen vor absplitternden Mörtelresten oder Materialteilchen mit einer Schutzbrille.

3 Jetzt stecken Sie die Fläche, wie im Grundkurs beschrieben, ab. Schlagen Sie Ihre Eisen an den entsprechenden Punkten (Ecken, Wand- und Treppenanschlüssen) in die Erde und verbinden Sie sie etwa 1 bis 1,5 cm über der fertigen Belagshöhe mit Schnüren.

Legen Sie auch das Gefälle fest. Entwässern Sie vom Haus bzw. von der Mauer weg. Absteckarbeiten werden stets zu Beginn der Unterbauarbeiten, in manchen Fällen auch vor dem Abbruch, ausgeführt.

Festes Abbruchmaterial kann teilweise im Unterbau liegengelassen werden. Achten Sie jedoch darauf, daß keine Hohlräume entstehen.

4 Wie tief Sie für eine neu anzulegende Terrasse auskoffern müssen, ersehen Sie aus der nebenstehenden Skizze. Der Sichtaufbau zeigt die fertigen Höhen nach dem Verdichten. Auch ein bereits vorhandener Unterbau muß in verdichtetem Zustand 12 bis 15 cm unter Schnur liegen. Füllen Sie entsprechend mit Frostschutzkies 0/32 auf.

5 Verdichten Sie den Unterbau sorgfältig mit einer Rüttelplatte, indem Sie drei- bis viermal über die Flächen fahren. Dadurch vermeiden Sie spätere Setzungen.

6 Verlegt wird »rückwärts« in das Splittbrett knapp unterhalb der Schnur. Kein Stein darf die Schnur heben und damit verfälschen. Unterschiedliche Materialien lassen sich in vielfältiger Weise zu einem Belag zusammenfügen. Im gezeigten Beispiel wurden einzelne Platten ausgespart und die Lücken mit Mosaiksteinpflaster geschlossen.

Das Auspflastern von Lücken hat auch technische Vorteile: unterschiedliche Plattenformate können aneinander angeglichen und Schneidarbeiten an kritischen Punkten (Belagsränder, Treppen- und Wandanschlüsse) verhindert werden. Bauen Sie stärkere Platten zuerst ein, damit Ihnen unter weniger starkem Material der Splitt nicht mehr herausrieselt.

7 Denken Sie bei einem schlichten Plattenbelag auch an die Möglichkeit verschiedener Verlegearten. So können Sie z.B. diagonal verlegen mit verstuften Rändern, mit Kreuzfugen, versetzten Fugen oder in verschiedenen Bahnenrastern.

8 Zum Geradelegen der Klinkerplatten spannen Sie Hilfsschnüre in beide Richtungen.
Richten Sie die Platten rechtwinklig aus. Beim Verlegen gehen Sie abschnittweise vor. Fegen Sie beizeiten mit Brechsand ein, damit das schon gelegte Stück nicht mehr verschoben wird.
Ist der Belag fertiggestellt, schwämmen Sie ihn naß bis zum Fugenschluß ein. Nach dem Abrütteln wird mit Brechsand nachgefegt.

Zuletzt setzen Sie einen Mörtelkeil aus einem Zement-Sandgemisch im Verhältnis 1:4. Fügen Sie so viel Wasser zu, daß der Mörtel mehr als erdfeucht ist. Er wird etwa 10 cm breit an die Belagsränder geschaufelt und dann mit der Kelle keilförmig angedrückt.
Eventuell müssen Sie noch Wasser zugeben. Bleiben Sie mit dem Mörtelkeil mindestens 2 bis 3 cm unter Oberkante des Steins, damit die Bepflanzung später die Belagsränder überwachsen kann. Um genau an eine Treppe zum Haus anzuschließen, beginnen Sie hier mit dem Verlegen. Andernfalls messen Sie den Übergang genau aus, damit Sie ohne durch Schnitt veränderte Plattenmaße Ihr Verlegeraster einhalten können.

9–12 Die Sitzmauer mit Holzabdeckung ist nicht nur ein schönes, sondern auch ein praktisches Detail dieser Terrasse. Sie wurde auf einem vorhandenen Mauerfundament aufgebaut.
Wenn Sie das Fundament erst erstellen müssen, dann heben Sie zunächst einen Graben etwa 30 bis 35 cm breit und 80 bis 100 cm tief aus. Das Fundament muß mindestens 80 cm Frosttiefe

6

7

8

haben, sonst könnte es sich unter Frosteinwirkung heben oder eventuell einseitig setzen.

Gießen Sie den Graben mit nassem Beton (Mischung 1:3) aus und stampfen Sie mit einem Holzpfahl nach, damit sich alle Hohlräume schließen.

Am nächsten Tag kann gemauert werden. Stecken Sie die Mauer mit Eisen ab und spannen Sie Ihre Schnüre in exakter Richtung und auf fertiger Höhe. Eine Sitzhöhe von 40 bis 50 cm ist günstig. Zum Mauern verwenden Sie Traßzement, damit nach dem ersten Winter keine weißen Kalkkristalle aus den Fugen »ausblühen«. Gemischt wird im Verhältnis 1:3 mit Natursand 0/4.

Der Mörtel darf nicht zu naß sein, damit Ihnen die Steine nicht davonschwimmen. Ein akurates Schichtmauerwerk mit schnurgeradem Verlauf verlangt sorgfältige Arbeit.

Spannen Sie sich für jede Steinreihe eine Schnur auf Oberkante (Steinmaß + 1 cm Fuge).

Bei einem Mauerwerk aus unterschiedlichen Steinformaten genügt es, sich die fertige Oberkante der Mauer zu markieren und eventuell 1 bis 2 Hilfsschnüre zu spannen. Die Fugen dürfen bis zu 2 bis 2,5 cm breit sein. Größere Lücken schließen Sie mit Mosaik- oder Kieselsteinen bzw. bunten Kachelresten. Kleine Vorsprünge oder Unebenheiten brauchen Sie bei einem unregelmäßigen Mauerwerk nicht zu stören. Wichtig ist, daß die Mauerfront insgesamt gesehen senkrecht steht.

Eine Holzabdeckung richtet, wenn sie sauber gefertigt wurde, optisch auch die krummste Mauer wieder gerade. Stecken Sie auch die Mauerbreite ab. Richten Sie sich dabei nach den Steinmaßen (Mauerbreite 30 bis 35 cm). Bringen Sie eine etwa 2 cm starke Mörtelschicht auf das Fundament auf. Darauf setzen Sie Ihre Steine und klopfen sie dann mit dem Gummihammer leicht an. Setzen Sie auf diese Weise eine Steinreihe nach der anderen. Kontrollieren Sie jeweils mit der Wasserwaage, ob die Schicht noch waagerecht liegt. Wenn Sie einen Stein hochkant setzen, benötigen Sie zwei bis vier Steine übereinander, um auf die selbe Höhe zu kommen. Nicht jede Fuge muß wie mit dem Lineal gezogen aussehen, wichtig ist, daß die Maueroberkante später im Wasser steht. Eine Mauer, die breiter werden soll, als zwei Steine breit sind, braucht einen Beton- oder Mörtelkern. Füllen Sie zwischen den Steinen mit Mörtel auf und verdichten Sie vorsichtig, so daß sich die vorderen und hinteren Steine nicht mehr verschieben. Diese Mörtelfüllung sehen Sie später nicht mehr, da die Mauer mit einem Sitzrost aus Holz abgedeckt wird. Die Sitzrostabdeckung besteht aus lufttrockenen Fichten- oder Kieferbrettern etwa 2,5 bis 4 cm stark und 10 bis 20 cm breit. Verschrauben Sie die Bretter auf querliegenden Eichenleisten.

Diese werden direkt auf die Mauer aufgedübelt und müssen darum haltbarer sein. Optimale Wirkung erzielen Sie, wenn Sie einige Mauerfugen bepflanzen. Gepflanzt wird in einem Arbeitsgang mit dem Aufmauern. Jedes Pflanzloch muß Anschluß an das hinter der Mauer liegende Erdreich haben, damit die Pflanze nicht vertrocknet.

Profitip

Verwenden Sie Dachgartenstauden mit Kleinballen aus dem »Multitopfpflanzen«-Programm.

9

11

10

12

Runder Sitzplatz im Garten

Material
Schüttgüter, Großstein- und Kleinsteinpflaster, Mörtel.

Werkzeug

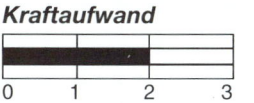

Schwierigkeitsgrad

0	1	2	3

Kraftaufwand

0	1	2	3

Arbeitszeit
Mit Vor- und Nacharbeiten etwa 3 bis 5 Stunden pro qm.

Ersparnis
Pro qm etwa 110 € einschließlich Vorarbeiten.

1 Der Sitzplatz muß vom Haus aus trockenen Fußes erreichbar sein. Denken Sie also daran, den Zugang zur Terrasse zu befestigen. Trittplatten durch den Rasen und/oder das Staudenbeet zerschneiden Ihr Grundstück nicht unnötig.

Stecken Sie den Platz zunächst in seinen Umrissen mit Schnureisen ab. Verbinden Sie die Eisen mit Mauerschnur zu einer kreisförmigen Terrassenfläche.

Sie können die Rundung nach Gefühl abstecken oder mit Hilfe eines im Kreismittelpunkt eingeschlagenen Eisens und einer daran befestigten Schnur vorzeichnen.

Jetzt legen Sie entsprechend dem Gelände die Höhe und das Gefälle fest. Entwässern Sie nach den Seiten hin in die Grünflächen.

Markieren Sie die 0-Höhe und übertragen Sie sie mittels Richtlatte und Wasserwaage von Eisen zu Eisen.

Dann werden die Minus-Höhen angezeichnet. Die Schnur spannen Sie nicht auf dieser fertigen Belagshöhe, sondern leicht überhöht, da sich der Belag später durch das Abrütteln 1 bis 2 cm setzt.

1

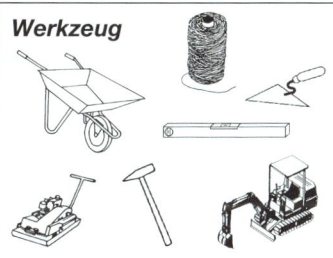

KOPFSTEIN
KLEINSTEIN
4 m
3%
5
5
co.15
SPLITT
KIES

2

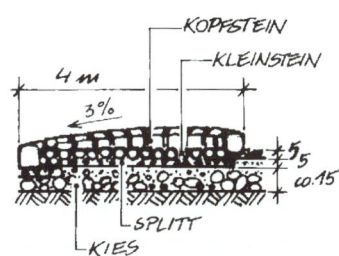

3

4

5

6

Wenn das Gelände auf einer Seite leicht abschüssig ist, ziehen Sie an dieser Stelle die Randeinfassungszeile um eine Stufenhöhe aus dem Belag heraus.
Wer sehr exakt arbeiten will, spannt sich hier eine Hilfsschnur.

2 Jetzt können Sie mit dem Aushub beginnen. Für alle Unterbauarbeiten gilt der skizzierte Schichtaufbau. Er zeigt die Höhen in verdichtetem Zustand. Eine Abweichung davon ist vonnöten an der Stelle, an der die Randzeile hochgezogen werden soll. Der Unterbau soll auch hier höher liegen.

Mieten Sie sich für den Aushub einen Kleinbagger und Container zum Abfahren der Erde. In einen Container passen etwa 7 cbm, der Aushub berechnet sich: Fläche (qm) x Aushubtiefe (m). Hinzu kommen noch einmal etwa 25 Prozent für die Erdlockerung. Heben Sie nicht auf volle Tiefe aus, denn das Planum setzt sich durch das Verdichten noch um einige Zentimeter. Die Ränder können Sie mit dem Spaten genauer als mit dem Kleinbagger auf die Außenmaße des Platzes abstechen.

3 Planieren Sie den anstehenden Grund gemäß den ausgesteckten Höhen.
Nach dem Verdichten füllen Sie Unterbaukies auf. Wenn Sie ihn drei- bis viermal verdichtet haben, muß er 15 bis 20 cm unter Schnur liegen.

4 Tragen Sie nun 2/5er Splitt für die Ausgleichsschicht auf. Die Belagsränder fassen Sie mit einer Großsteinzeile ein.
Dort, wo die Steine über den Belag hinausragen, brauchen Sie nicht für die Randeinfassung auszuheben. Wo Großsteine und Belag eine Fläche ergeben sollen, müssen Sie eine leichte Rinne graben.

5–6 Zeichnen Sie mit einem Stock den Verlauf der Großsteinzeile auf dem Splittbrett an. Setzten Sie die Granitkopfsteine nebeneinander auf die Ausgleichsschicht, an die Innenkante der Schnur und etwa 1 bis 2 cm darunter, da sie nicht mehr gerüttelt werden.

Kontrollieren Sie alle 3 bis 5 m den richtigen Verlauf der Randzeile und korrigieren Sie gegebenfalls nach.

Abschüssiges Gelände fangen Sie auf, indem Sie die Randzeile fließend bis auf 15 cm über dem Belag ansteigen lassen. Kopfsteine, die zu mehr als 1/3 aus der Erde ragen, müssen satt in einem Mörtelbett liegen.

7 Die Terrassenfläche selbst pflastern Sie mit drei flachen Kreisen aus.
Die Gestaltung wirkt ausgewogen, wenn Sie die Kreise im Mittelpunkt des Platzes aneinander stoßen lassen.
Der gerade Zuweg führt über eine Stufe auf den kleinen Terrassenvorplatz, der fließend in die etwa 4 x 6 m große Terrasse übergeht. Die dicken Linien markieren über den Belag erhabene Randeinfassungen.

8 Die Kreise werden mit einer Granitgroßsteinzeile eingefaßt und mit Kleinsteinpflaster geschlossen.
Schön ist eine Materialkombination aus Porphyr-, Granit- und Basaltpflaster. Die verbleibenden Flächen zwischen den Kreisen können Sie in Reihen oder wild auspflastern. Vereinzelt eingebaute Bruch- oder Bahnenplatten sorgen für Akzente.

9 Legen Sie zum Pflastern eines Kreises dessen Mittelpunkt fest und schlagen Sie dort ein Eisen ein. Markieren Sie die gewünschte Höhe leicht überhöht an dem Eisen und befestigen Sie eine Schnur daran. Mit ihr können Sie den genauen Umriß des Kreises nach allen Seiten hin festlegen und die Großsteinzeile danach setzen.

Richten Sie die Großsteine exakt nach den Höhenschnüren ein, die Sie gerade und/oder diagonal über den Platz gespannt haben. Großsteine werden nicht mehr abgerüttelt und werden deshalb etwas tiefer als der Belag gesetzt.
Halten Sie während des Auspflasterns des Kreises die Mitteleisenschnur bei jeder Reihe neu an, um genau kreisfömig zu pflastern.
Kontrollieren Sie sehr genau die Höhen beim Pflastern. Nehmen Sie dazu die Mitteleisenschnur zu Hilfe, indem Sie sie an eine schon gelegte Reihe anhalten.
Oder Sie stellen mit einem geraden Brett oder Richtplatte eine Verbindung her zwischen schon gelegter, höhengerechter Reihe und Höhenmarkierung am Eisen

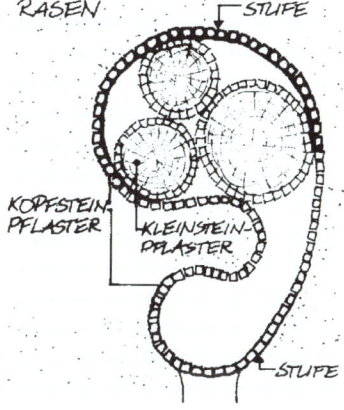

RASEN STUFE
KOPFSTEINPFLASTER KLEINSTEINPFLASTER STUFE

7

8

9

10

11

12

im Kreismittelpunkt. In jedem Fall hat der zu legende Stein knapp unterhalb zu liegen, ohne Schnur oder Brett zu berühren.

10 Damit die Steine sich nicht wieder verschieben, fegen Sie Brechsand in die Fugen nach dem gelegten Teilabschnitt. Sobald die gesamte Fläche gepflastert ist, planieren Sie an die Belagsränder Humus an.

Wenn Sie die anplanierte Erde feststampfen, kann in vielen Fällen auf einen Mörtelkeil verzichtet werden. Jetzt schlämmen Sie den Belag mit Quetschsand naß ein.

11 Wenn Sie bis zum Fugenschluß nassen Sand mit dem Besen eingekehrt haben, rütteln Sie den Belag mit der Rüttelplatte so

lange ab, bis alle Unebenheiten in etwa ausgeglichen sind.

Die Großsteine sollten nicht über dem Belag erhaben liegen, da sonst das Wasser nicht abfließen kann.

In einem letzten Arbeitsschritt sanden Sie noch einmal mit Brechsand oder mit dem noch feineren Quarzsand nach.

12 Eine geeignete Bepflanzung ist der beste Sichtschutz für Ihren Sitzplatz. Wenn Sie einen mindestens 3 m breiten Pflanzstreifen zur Verfügung haben, legen Sie eine Hecke und zur Terrasse hin ein Blumen- oder Staudenbeet an.

Heben Sie eine vorhandene Grasnarbe möglichst dünn ab und tragen Sie zur Bodenverbesserung etwa 5 bis 10 cm Pferdemist oder Rindenkompost locker auf. Graben Sie den natürlichen Dünger ein und planieren Sie mit dem Vierzack den Pflanzenstreifen. Für die Hecke sollten Sie einheimischen Pflanzen den Vorzug geben.

Auf dem verbleibenden, zur Terrasse hin gelegenen Streifen (1–1,5 m breit) pflanzen Sie 2 bis 3 Blütengehölze.

Betonsteinterrasse

Material
Schüttgüter, (Sand, Kies, Splitt) Betonsteine.

Werkzeug

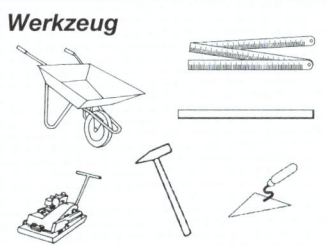

Schwierigkeitsgrad

0	1	2	3

Kraftaufwand

0	1	2	3

Arbeitszeit
Pro qm etwa 2 Stunden einschließlich Vorarbeiten.

Ersparnis
Pro qm etwa 56 € einschließlich Vorarbeiten.

Verlegen Sie Betonformsteine oder -platten in ihrer einfachen grauen Standardausführung. Verlegt wird gleichermaßen auf ein abgezogenes Splittbett.

1 Stecken Sie die Terrasse mit Schnureisen ab. Die Eisen an den Ecken verbinden Sie diagonal über den Platz mit Schnüren. Wenn die Diagonalmaße übereinstimmen, haben Sie genau rechtwinklig abgesteckt. Tragen Sie die Höhe sehr sorgfältig an. Bleiben Sie an der Terrassentür mindestens 2 cm unter der Schwelle. Eine Terrasse an der Wetterseite des Hauses sollte um eine Stufe tiefer gelegt werden. Dort wo die Terrasse an die Stufe oder die Hauswand stößt, markieren Sie die 0-Höhe. Das Gefälle führt mit 1 bis 2 Prozent vom Haus weg, d.h. Sie ziehen von der 0-Höhe 1 bis 2 cm pro 1 m Entfernung von Wand oder Stufe ab. Tragen Sie diese Minushöhen an den Eisen an.
Achten Sie darauf, daß der gesamte Belag 1 bis 2 cm über dem umgebenden Geländeniveau liegt, damit das Regenwasser auch tatsächlich abfließen kann.
Spannen Sie die Schnur nicht exakt auf fertiger Belagshöhe,

1

BETONSTEINTERRASSE
AUFBAU:

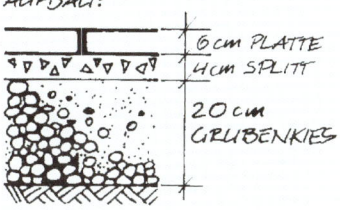

6 cm PLATTE
4 cm SPLITT
20 cm GRUBENKIES

2

3

4

5

6

sondern leicht überhöht (1–2 cm), da der gesamte Belag noch einmal gerüttelt wird.

2 Ausgehoben wird etwa 30 cm tief unter den Schnüren. Betonplatten und Betonrechtecksteine mit 5 oder 6,5 cm Stärke sind genügend belastbar für eine von Fahrzeugen nicht befahrene Fläche. Hinzu kommen 4 bis 5 cm für die Ausgleichsschicht (2/5er Splitt oder 0/4er Natursand) und etwa 20 cm für den Unterbau in verdichtetem Zustand. Die Aushubmenge errechnet sich:
Fläche (qm) x Aushubtiefe (m) + 25 Prozent für die Bodenlockerung. Eine kleine Fläche heben Sie von Hand aus. Bei größeren Flächen lohnt es sich, einen Kompaktlader oder Minibagger zu leihen.

Nach dem Aushub planieren Sie die Koffersohle gefällegerecht und verdichten einmal mit der Rüttelplatte. Lassen Sie sich Wand- oder Grubenkies liefern und bauen Sie ihn etwa 22 cm stark plan ein. Wenn Sie ihn drei- bis viermal mit der Rüttelplatte verdichtet haben, liegt er etwa 10 cm unter den gespannten Schnüren.

3 Auf den verdichteten Unterbau bringen Sie Splitt oder Natursand rund 5 cm stark für die Ausgleichsschicht auf. Legen Sie im Abstand von 1 bis 2 m Wasserrohre in das Verlegebett und richten Sie sie exakt auf Platten- oder Steinstärke unter Schnur im Splittbett ein. Vergewissern Sie sich bei dieser Gelegenheit, daß die Schnüre noch gefällegerecht sitzen.

4 Jetzt ziehen Sie das Splittbett plan ab. Legen Sie dazu eine genügend lange Richtlatte oder ein gerades Brett links und rechts auf zwei eingerichtete Wasserrohre auf. Achten Sie beim Abziehen darauf, daß immer etwas Splitt oder Sand vor Ihrer Richtlatte liegt. In der Regel reichen zwei Wasserrohre zum Abziehen, da Sie entweder eines oder alle beide versetzen und neu einrichten können. Auf diese Weise läßt sich eine beliebig große oder auch versetzte Fläche abziehen. Wenn Sie die Wasserrohre vorsichtig aufgenommen haben, füllen Sie die Rinnen mit Splitt auf.

5 Auf dieser abgezogenen Fläche läßt sich ganz leicht jeder maschinengefertigte Stein oder Platte verlegen. Verlegt wird »vorwärts« mit oder ohne Fuge. In den Grundkursen finden Sie einige Anregungen zu verschiedenen Verlegemustern. Spannen Sie alle paar Reihen Hilfsschnüre, um den geraden Fugenverlauf überprüfen zu können. Sie können auch nur eine Hilfsschnur spannen und sie immer wieder versetzen. Sollten die Fugen einmal krumm sein, richten Sie sie mit einer Richtlatte gerade.

6–7 Da alle Steine dasselbe Format haben, können Sie bei Rändern, Ecken oder Rundungen nicht mit verschiedenen Größen fließend anschließen. Sehr viele Steine müssen zurechtgeschnitten werden. Sie benötigen also eine Diamantsäge, einen Winkelschneider oder einen Steinknacker. Zeichnen Sie die Schnittkante vorher exakt auf dem Stein an.

8 Sehr zeitaufwendige Schneidarbeiten sind die Kehrseite dieser Verlegung. Es gibt eine schöne Alternative: Schneiden Sie manche Ecken oder Ränder nicht ein, sondern fegen Sie Humus ein und begrünen Sie die Ausspa-

rungen. Blühende Stauden gibt es für jeden noch so kleinen Bereich, auch für trockene Flächen. Befestigen Sie die Belagsränder mit einem Mörtelkeil, den Sie einen Tag aushärten lassen.

9 Fegen Sie den Belag mit feinem Schweißsand naß ein und rütteln Sie ab. Die Rüttelplatte muß mit einer Gummiplatte ausgerüstet sein, sonst springen Ecken ab. Ein Belag aus einfachen grauen Betonplatten wird mit der Zeit durch Ansetzen von Moos schöner. Großformatige Platten ermöglichen Rasenfugen auch auf Terrassen, doch müssen Plattenformate und Terrassengröße in angemessenem Verhältnis stehen. Auffallend sind vereinzelt eingebaute Fantasieplatten aus Beton, die Sie so selbst herstellen können: Bauen Sie einen Rahmen aus Dachlatten 3/5 cm. Wenn Sie die Latten hochkant stellen, werden die Platten 5 cm stark. Den Boden des Rahmens bildet eine 5 mm Schichtholzplatte. Streichen Sie Rahmen und Boden mit Diesel ein und füllen Sie mit Beton auf (Zement und Estrichsand im Verhältnis 1:3/4). In die abgestampfte Platte lassen sich Natursteinsplitter einstreuen und Muster einprägen.

7

8

9

Terrasse aus Bruchplatten

Material
Polygonale Natursteinplatten, Schüttgüter, Traßzement.

Werkzeug

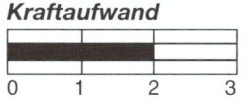

Schwierigkeitsgrad

0	1	2	3

Kraftaufwand

0	1	2	3

Arbeitszeit
Sie benötigen pro qm 3 bis 4 Stunden.

Ersparnis
Pro qm etwa 85 €.

Als ideales Material für eine Bruchplattenverlegung bietet sich heller Kalkstein, dunkler Tessiner Gneis oder braun rostender österreichischer Gneis an. Angeboten werden Bruchplatten meist als Billigware, d.h. in viel zu kleinen Formaten. Insofern wäre es besser, von »polygonalen Platten« zu sprechen. Sie sollten eine Mindestgröße von 0,2 bis 0,25 qm haben, d.h. mindestens 40 x 60 oder 50 x 50 cm groß sein.

1

1 Stecken Sie die Fläche ab, wie im Grundkurs beschrieben. Bei einer kleinen Terrassenfläche genügt es, an jedes Eck ein Eisen zu schlagen. Stecken Sie genau rechtwinklig ab, indem Sie diagonal über den Platz zwei Schnüre spannen. Bevor Sie die Eisen mit Maurerschnur verbinden, zeichnen Sie die Höhen an. Übertragen Sie mit Hilfe von Richtlatte und Wasserwaage die Anschlußhöhe an Hauswand oder Stufe auf alle Eisen. Je nach Oberflächenbeschaffenheit des Bodenbelags veranschlagen Sie für das Gefälle 1 bis 2 Prozent. Ziehen Sie also pro 1 m Entfernung von der Hauswand oder

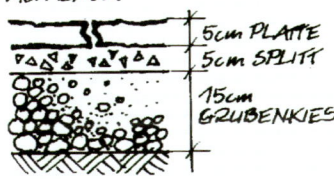

BRUCHSTEINTERRASSE AUFBAU:

5cm PLATTE
5cm SPLITT
15cm GRUBENKIES

2

3

4

5

6

der Treppe 1 bis 2 cm von der ersten Höhe ab und markieren Sie die Minushöhe an den äußeren Eisen.

Spannen Sie Ihre Schnüre auf fertiger Belagshöhe, da die Polygonalplatten ohne Überhöhung gelegt und nicht mehr abgerüttelt werden. Richten Sie auch die diagonal gespannten Schnüre auf fertige Belagshöhe ein.

2 Nun heben Sie unter den Schnüren gemessen einen Spaten tief aus. Planieren Sie den anstehenden Grund gemäß dem Gefälle und verdichten Sie ihn. Dann bringen Sie Wand- oder Grubenkies ein, planieren ihn unter Schnur und verdichten ihn gut mit der Rüttelplatte.

Die Skizze zeigt Ihnen die fertigen Höhen in verdichtetem Zustand. Denken Sie also beim Heruntermessen von den Schnüren daran, daß sich die Schicht beim Verdichten noch etwas setzt.

3 Wenn Sie auf den verdichteten Unterbau 2/5er Splitt für die Ausgleichsschicht aufgetragen haben, beginnen Sie mit dem Verlegen. Zunächst müssen Sie einen

Überblick bekommen über die verschiedenen Plattenmaße. Legen Sie sich die Platten in etwa nach Größe sortiert neben der zu pflasternden Fläche zurecht.

Beginnen Sie mit dem Verlegen an einem Punkt, an den die Terrasse genau anschließt. Zur Gartenseite hin können die Platten etwas über die Schnüre hinausragen. Die größten Platten sollen an Ecken oder Rändern zu liegen kommen. Sie geben der Terrasse nicht nur optisch Halt, sondern liegen auch stabiler.

4 Es kostet sehr viel Zeit und erfordert einiges Fingerspitzengefühl, polygonale Platten so zu verlegen, daß sich ein ansprechendes Bild ergibt.

Keine Fuge darf breiter als 1 bis 2 cm sein, d.h. jedoch nicht, jede Platte rigoros auf die vorhergelegte zuzuschlagen. Die vorhandenen Randausformungen müssen optimal ausgenutzt und aneinandergefügt werden.

5 Jetzt beginnen Sie mit dem Zuschlagen der Platten. Zeichnen Sie mit Ölkreide die genaue Anschlußform auf der Platte an.

6 Schwächen Sie die Platte schräg nach unten, bevor Sie die Kanten entlang der Markierung abschlagen. Verwenden Sie dazu einen Flachmeißel, besser jedoch ein Setzeisen oder Preller. Nehmen Sie die leichte Ausführung für Weichgesteine, die schwere für Hartgesteine. Schlagen Sie nie zuviel weg, halten Sie lieber öfters zwischendurch an und kontrollieren Sie nach.

Wenn Sie an den Ecken der Platte zuschlagen müssen, halten Sie das Eisen von außen nach innen an, da Ihnen sonst das ganze Eck wegspringt.

Wenn die Platten zueinander passen, arbeiten Sie die Fugen noch einmal fein nach, bis sie gleichmäßig schmal sind.

7–8 Schieben Sie die fertig auf Fugenbreite gearbeitete Platte in dem Splittbett zurecht und klopfen Sie mit dem Gummihammer auf entsprechende Höhe.

Der Belag wird ausreichend stabil, wenn Sie ihn naß mit einem Splitt-Brechsand-Gemisch einfegen. Mit Mörtel verfugte Bruchplattenbeläge ergeben ein unschönes Bild, zudem reißen starre Fugen leicht, da der Belag die Bewegungen des Unterbaus mitmacht.

Polygonalplatten sind vor allem in zwei Stärken im Handel: 3–5/6 cm und 6–8 cm. Die schwächeren Platten erhalten einen Mörtelkeil. Die stärkeren Platten liegen bei entsprechender Größe so fest im Splittbett, daß Sie keinen Mörtelkeil benötigen.

Zuletzt planieren Sie mit dem Vierzack Oberboden bis etwas unter Oberkante Belag an.

7

Bruchplatten: Preise			
	Stärke	ca. qm/to	ca. €/to
Porphyr, spaltrauh	3–6 cm	10	240,–
Kalkstein, spaltr.	2–5 cm	–	190,–
Quarz-Schiefer, spaltr.	3 cm	12,5	640,–
Gneis, rostend, spaltr.	4–7 cm	6–7	300,–

8

Terrasse aus Klinker

Material
Pflasterklinker, Schüttgüter, Traßzement.

Werkzeug

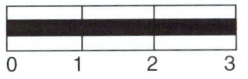

Schwierigkeitsgrad

0	1	2	3

Kraftaufwand

0	1	2	3

Arbeitszeit
Pro qm etwa 4 Stunden.

Ersparnis
Pro qm rund 60 €.

1 Häufig ist in der Leistung des Bauunternehmers das Aufkiesen und Humusieren der Gartenfläche enthalten. Sprechen Sie mit der Firma ab, wie der Unterbau für Ihre Terrasse aussehen soll und stecken Sie die Fläche, die aufzukiesen ist, grob in Höhe und Lage aus. Erst wenn der Kies für Terrasse und Gartenweg eingebaut und grob planiert ist, stecken Sie fein ab. Denken Sie immer daran, die Wegbreite auf das Steinformat (+ Fugen) abzustimmen.
Für 24 x 24 cm große Quadratklinker messen Sie 124 cm zwischen den Schnüren: 5 x 24 cm + 4 x 1 cm Fuge. Die Schnüre richten Sie auf fertige Belagshöhe ein.

2 Beginnen Sie das Abstecken mit einer Längs-Wegekante, welche Sie im 45-Grad-Winkel (oder einem anderen Winkel) zum Haus ausrichten. Dieser Winkel läßt sich sehr leicht ausstecken, nach dem Prinzip: die Diagonalen in einem Quadrat bilden einen 45-Grad-Winkel. Schlagen Sie also an der Hauswand ein Eisen in die Erde und messen Sie entlang des Hauses irgendeine beliebige Strecke ab (z.B. 4 m). Von die-

1

2

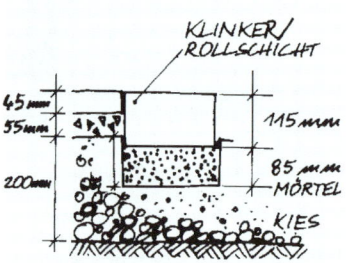

KLINKER/
ROLLSCHICHT

45 mm
55 mm
200 mm
6c
115 mm
85 mm
MÖRTEL
KIES

sem Punkt aus messen Sie dieselbe Strecke (4 m) in das
Grundstück hinein, und zwar im
rechten Winkel vom Haus weg.
Dort schlagen Sie das zweite
Eisen ein. Beide Eisen sollten
außerhalb des Belags stehen.
Verbinden Sie die Eisen mit der
Maurerschnur. Wenn Sie jetzt
also die Wegbreite einmessen,
geben Sie etwas zu den 124 cm
hinzu. Bei der Terrasse gehen
Sie in gleicher Weise vor. Für 14
Klinker in der Breite einschließlich der Rollierung messen Sie
350 cm Terrassenbreite aus.

3 Leicht beanspruchte Flächen
benötigen nicht mehr als etwa 10
cm Unterbau. Wenn Sie die ge-
zeigte Klinkerterrasse als Anre-
gung nehmen wollen, müssen Sie
15 bis 20 cm stark Unterbaukies
auftragen, da die hochkant
gestellten Klinker eine größere
Einbautiefe haben. Kontrollieren
Sie durch Auflegen der Wasserwaage das Gefälle des Unterbaus.

4 Der verdichtete Unterbau sollte
etwa 10 cm unter Schnur liegen.
Wenn Sie ihn nachplanieren,
heben Sie an den Rändern eine 10
cm tiefe Furche für die Rollierungen aus. Sie haben so die nötige

Einbautiefe für Klinker des Forma-
tes 240/115/71 mm. Sie werden
hochkant (115 mm) in Mörtel (etwa
100 mm) gestellt und eingeklopft.
Die Quadratklinker für den Belag
haben das Maß 240/240/45 mm.
Sie liegen auf Splitt.

5 Die Furche für die Terrassen-
ränder wird etwa eine Schaufel
breit ausgehoben, mit dem
Handstampfer verdichtet und mit
Mörtel aufgefüllt (Sand/Zement/
im Verhältnis 4:1, erdfeucht).
Klopfen Sie die Steine leicht in
das Mörtelbett ein, und zwar auf
fertige Belagshöhe. Zur besseren
Orientierung spannen Sie sich,
noch bevor Sie den Mörtel ein-
bringen, eine Schnur parallel zum
Terrassenrand in genau dem
Abstand dazu, wie die Rollierung
breit wird. Angenommen, Ihre
Terrasse soll die Abmessung 350
x 350 cm haben, dann müßte die
Schnur 24 cm nach innen versetzt ein Quadrat von 302 x 302
cm bilden. Setzen Sie Stein an
Stein in einem Fugenabstand
von 0,8 bis 1 cm. Wenn Sie am
Eck nicht genau mit einem Stein
abschließen können, rücken Sie
die schon gesetzten Steine
etwas. Wenn Sie 40 Steine 2
mm verrücken, können Sie 8 cm

ausgleichen. Kehren Sie, wenn Sie ein Stück gelegt haben, Splitt und Quarzsand in die Fugen und planieren Sie Humus an den Rand, damit nichts mehr verrutschen kann. Die Rollierung wird nicht mit Mörtel verfugt. Dies geschieht nur bei rollierten Stufen.

6 Die Klinkerplatten verlegen Sie auf ein abgezogenes Splittbett. Planieren Sie den Unterbau noch einmal und füllen Sie etwa 6 cm Splitt zwischen den Rollierungen auf. Die 4,5 cm starken Klinkerplatten müssen eingerüttelt und folglich 1/2 cm über Schnur gelegt werden. Richten Sie die Wasserrohre 4 cm unter Schnur im Splittbett ein und ziehen Sie mit Hilfe einer Wasserwaage ab. Legen Sie die Fläche mit Klinkerplatten aus, ohne auf das Verlegebett zu treten. Prüfen Sie das Fugenbild stets auf gerade Linien und gleichen Sie sofort aus, sobald sich ein Knick ergibt. An der Hauswand werden Sie die Steine zuschneiden müssen.
Legen Sie alle Klinker so weit als möglich auf das abgezogene Splittbett. Für den letzten Stein messen Sie den Schrägschnitt genau aus. Zeichnen Sie den gemessenen Abstand zur Hauswand an beiden Steinseiten an und verbinden Sie die Markierungen mit einem Ölkreidestrich. Berücksichtigen Sie dabei, daß zwischen zugeschnittenem Stein und Hauswand eine Fuge bleibt.

7 Sobald Sie einen Teilabschnitt gelegt haben, kehren Sie die Fugen halb mit Splitt ein, damit kein Stein mehr verrutschen kann. Erst wenn die gesamte Fläche fertig verlegt ist, schlämmen Sie feinen Sand ein bis zum Fugenschluß, indem Sie abwechselnd einkehren und die Fläche mit Wasser besprühen. Dann rütteln Sie den Belag ab mit einem Rütteltampfer mit Gummiplatten und wiederholen das Einschlämmen.

Die Rollierung innerhalb der Terrassenfläche setzen Sie gleichzeitig mit der äußeren Rollierung. Spannen Sie für das Quadrat Schnüre im Abstand von 24 cm parallel zur Außenkante der Terrasse. Im gezeigten Beispiel (350 x 350 cm Terrassenfläche) folgen auf die äußere Rollierung drei Reihen Klinkerplatten. Die innere Rollierung (Schnüre gespannt 150 x 150 cm und 102 x 102 cm) umschließt einen Platzmittelpunkt aus 4 x 4 Klinkerplatten.

6

7

Sachwortregister

Wo finde ich was?